Practice Makes Perfect!

CEDU(쎄듀)는 A **C**omprehensive **E**nglish e**DU**cation(종합적 영어교육)의 약자입니다.

펴낸이	김기훈 김진희
펴낸곳	㈜쎄듀/서울시 강남구 논현로 305 (역삼동)
발행일	2021년 10월 18일 초판 1쇄
내용 문의	www.cedubook.com
구입 문의	콘텐츠 마케팅 사업본부
	Tel. 02-6241-2007
	Fax. 02-2058-0209
등록번호	제22-2472호
ISBN	978-89-6806-226-1
	978-89-6806-224-7(세트)

Training Book

500 SENTENCES
INTRO

천일문 입문 문제집

저자

김기훈

現 ㈜쎄듀 대표이사
現 메가스터디 영어영역 대표강사
前 서울특별시 교육청 외국어 교육정책자문위원회 위원
저서 | 천일문 / 천일문 Training Book / 천일문 GRAMMAR
첫단추 BASIC / 어법끝 / 문법의 골든룰 101 / Grammar Q
어휘끝 / 쎄듀 본영어 / 절대평가 PLAN A / 독해가 된다
The 리딩플레이어 / 빈칸백서 / 오답백서 / 거침없이 Writing
첫단추 / 파워업 / ALL씀 서술형 / 수능영어 절대유형 / 수능실감 등

쎄듀 영어교육연구센터

쎄듀 영어교육센터는 영어 콘텐츠에 대한 전문지식과 경험을 바탕으로 최고의 교육 콘텐츠를 만들고자 최선의 노력을 다하는 전문가 집단입니다.
오혜정 수석연구원 · 장정문 선임연구원 · 이혜경 전임연구원

검토에 도움을 주신 분들

한재혁 선생님(현수학영어학원) · 이헌승 선생님(스탠다드학원) · 이선재 선생님(경기 용인 E-Clinic)
김지연 선생님(송도탑영어학원) · 김정원 선생님(MP영어) · 김지나 선생님(킴스영어)
심소미 선생님(봉담 쎈수학영어) · 황승휘 선생님(에버스쿨 영어학원) · 오보람 선생님(서울시 강서구 ASTE)
아이린 선생님(광주광역시 서구)

마케팅	콘텐츠 마케팅 사업본부
영업	문병구
제작	정승호
인디자인 편집	올댓에디팅
디자인	유은아 · 윤혜영
영문교열	Stephen Daniel White

Foreword

본 교재는 〈천일문 입문〉편에서 학습한 구문의 개념을 확실히 이해했는지를 확인하고 이를 다른 예문들에 적용시켜볼 수 있도록 하기 위한 집중 훈련 문제집입니다.

〈천일문 입문〉편과 같은 순서로 구성되어 있으므로 병행 학습하여 복습 및 반복 학습의 효과를 최대한으로 높일 수 있습니다. 학교나 학원에서는 자습 과제로도 활용이 가능할 것입니다.

〈천일문 입문〉편은 우리말 설명을 최소화하고 예문을 중심으로 직독직해 위주의 학습이 진행됩니다. 본 교재에서는 구문 분석 및 어법, 영작, 해석, 문장 전환 등의 다양한 유형으로 적용하는 능동적 과정을 제공하므로, 구문에 대한 이해가 깊어지고 학습 내용을 자기 것으로 온전히 만들 수 있게 해줍니다. 또한 내신이나 수능에 직접적으로 도움이 되는 사항들도 점검해볼 수 있습니다.

문장을 정확하고 순발력 있게 이해하기 위해서는 양질의 다양한 예문으로 꾸준히 연습하는 활동이 반드시 필요합니다. 구문의 핵심을 꿰뚫는 유형으로 구성되도록 혼신의 힘을 다하였으므로 〈천일문 입문〉편의 학습을 충실히 보조해주리라 믿어 의심치 않습니다.

본 교재를 통해 정확한 해석력과 적용력을 튼튼히 길러, 어떤 문장이라도 호기롭고 자신감 있게 대처할 수 있게 될 것입니다. 학생 여러분의 무한한 발전과 성공을 기원합니다.

저자

Preview

🌿 Overall Inside Preview

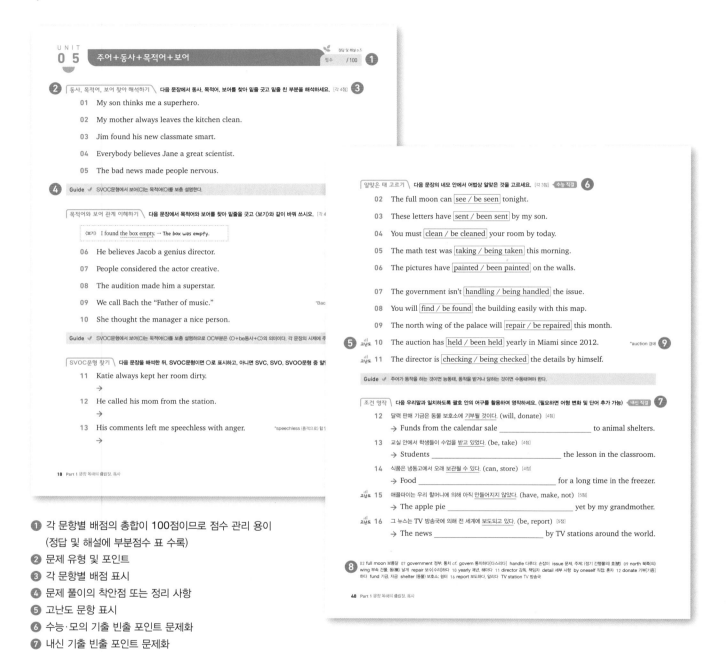

UNIT
05 주어+동사+목적어+보어
정답 및 해설 p.5
점수 / 100 ❶

❷ 동사, 목적어, 보어 찾아 해석하기 \ 다음 문장에서 동사, 목적어, 보어를 찾아 밑줄 긋고 밑줄 친 부분을 해석하세요. [각 4점] ❸

01 My son thinks me a superhero.
02 My mother always leaves the kitchen clean.
03 Jim found his new classmate smart.
04 Everybody believes Jane a great scientist.
05 The bad news made people nervous.

❹ Guide ✔ SVOC문형에서 보어(C)는 목적어(O)를 보충 설명한다.

목적어와 보어 관계 이해하기 \ 다음 문장에서 목적어와 보어를 찾아 밑줄을 긋고 〈보기〉와 같이 바꿔 쓰시오. [각 4

〈보기〉 I found the box empty. → The box was empty.

06 He believes Jacob a genius director.
07 People considered the actor creative.
08 The audition made him a superstar.
09 We call Bach the "Father of music."   *Bac
10 She thought the manager a nice person.

Guide ✔ SVOC문형에서 보어(C)는 목적어(O)를 보충 설명하므로 OC부분은 〈O+be동사+C〉의 의미이다. 각 문장의 시제에 주

SVOC문형 찾기 \ 다음 문장을 해석한 뒤, SVOC문형이면 ○로 표시하고, 아니면 SVC, SVO, SVOO문형 중 알

11 Katie always kept her room dirty.
→
12 He called his mom from the station.
→
13 His comments left me speechless with anger.   *speechless 〈형용사로〉 합
→

18 Part 1 문장 독해의 출발점, 동사

알맞은 태 고르기 \ 다음 문장의 네모 안에서 어법상 알맞은 것을 고르세요. [각 3점] 수능·직결 ❻

02 The full moon can see / be seen tonight.
03 These letters have sent / been sent by my son.
04 You must clean / be cleaned your room by today.
05 The math test was taking / being taken this morning.
06 The pictures have painted / been painted on the walls.

07 The government isn't handling / being handled the issue.
08 You will find / be found the building easily with this map.
09 The north wing of the palace will repair / be repaired this month.
❺ 고난도 10 The auction has held / been held yearly in Miami since 2012.   *auction 경매 ❾
고난도 11 The director is checking / being checked the details by himself.

Guide ✔ 주어가 동작을 하는 것이면 능동태, 동작을 받거나 당하는 것이면 수동태여야 한다.

조건 영작 \ 다음 우리말과 일치하도록 괄호 안의 어구를 활용하여 영작하세요. (필요하면 어형 변화 및 단어 추가 가능) 내신·직결 ❼

12 달력 판매 기금은 동물 보호소에 기부될 것이다. (will, donate) [4점]
→ Funds from the calendar sale _____ to animal shelters.
13 교실 안에서 학생들이 수업을 받고 있었다. (be, take) [4점]
→ Students _____ the lesson in the classroom.
14 식품은 냉동고에서 오래 보관될 수 있다. (can, store) [4점]
→ Food _____ for a long time in the freezer.
고난도 15 애플파이는 우리 할머니에 의해 아직 만들어지지 않았다. (have, make, not) [5점]
→ The apple pie _____ yet by my grandmother.
고난도 16 그 뉴스는 TV 방송국에 의해 전 세계에 보도되고 있다. (be, report) [5점]
→ The news _____ by TV stations around the world.

❽ 02 full moon 보름달 07 government 정부; 통치 cf. govern 통치하다[다스리다] handle 다루다; 손잡이 issue 문제; 주제; (정기 간행물의) 호(號) 09 north 북쪽(의) wing 부속 건물, 동(棟); 날개 repair 보수[수리]하다 10 yearly 매년, 해마다 11 director 감독, 핵심자 detail 세부 사항 by oneself 직접, 혼자 12 donate 기부[기증]하다 fund 기금, 자금 shelter (동물) 보호소; 쉼터 16 report 보도하다, 알리다 TV station TV 방송국

48 Part 1 문장 독해의 출발점, 동사

❶ 각 문항별 배점의 총합이 100점이므로 점수 관리 용이
　　(정답 및 해설에 부분점수 표 수록)
❷ 문제 유형 및 포인트
❸ 각 문항별 배점 표시
❹ 문제 풀이의 착안점 또는 정리 사항
❺ 고난도 문항 표시
❻ 수능·모의 기출 빈출 포인트 문제화
❼ 내신 기출 빈출 포인트 문제화
❽ 문제 풀이에 걸림돌이 되지 않도록 보기 편한 위치에 어휘 제시
❾ 학습 범위를 벗어나는 고난도 어휘 및 문제 풀이에 꼭 필요한 어휘는
　　별도 제시

어휘 무료 부가 서비스 **어휘리스트&어휘테스트**   www.cedubook.com에서 다운로드 가능합니다.

4

More Detailed Inside Preview

❶ 구문 이해 확인에 특화된 다양한 문제

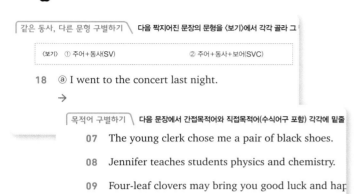

같은 동사, 다른 문형 구별하기 \ 다음 짝지어진 문장의 문형을 〈보기〉에서 각각 골라 그

〈보기〉 ① 주어+동사(SV) ② 주어+동사+보어(SVC)

18 ⓐ I went to the concert last night.
→

목적어 구별하기 \ 다음 문장에서 간접목적어와 직접목적어(수식어구 포함) 각각에 밑줄

07 The young clerk chose me a pair of black shoes.

08 Jennifer teaches students physics and chemistry.

09 Four-leaf clovers may bring you good luck and hap

*어휘 변화형 빈칸 채우기

동사 변화형 쓰기

다음 주어진 단어를 단서로 하여 빈칸에 알맞은 동사형을 채우세요.

기본형 (원형)	3인칭 단수 현재형	과거형	과거분사형 p.p.	현재분사형 v-ing
become	becomes	became	become	becoming
			begun	
		brought		
				building
	beats			
bind 묶다; 감다				
bear				

❷ 해석(부분 해석/전체 해석)

동사와 보어 찾아 해석하기 \ 다음 문장에서 동사와 보어를 찾아 밑줄 긋고 밑줄 친 부

01 Your idea sounds interesting.

02 One leg of the chair came loose.

03 My father's hair turned grey early.

목적어 찾기&해석하기 \ 다음 문장에서 목적어(수식어구 포함)를 찾아 밑줄 긋고 문장

01 I heard a rumor about our new professor.
→

02 He bought a movie ticket at the box office.
→

03 My parents want a big house with a front yard.

❸ 어법(네모/밑줄)

알맞은 어법 고르기 \ 다음 문장의 네모 안에서 어법상 알맞은 것을 고르세요. [각 3점]

16 The airplane landed safe / safely .

17 The beautiful / beautifully tree fell down.

18 The plant in my room died recent / recently .

어법 판단하기 \ 다음 밑줄 친 부분이 어법상 옳으면 ○, 틀리면 ✕로 표시하고 바르게 고

13 This apple pie tastes deliciously.

14 The girls in the picture look so happily.

15 Everybody stayed calm during the argument.

16 The door opened slowly and he walked in.

❹ 영작(배열/조건)

배열 영작 \ 다음 우리말과 일치하도록 괄호 안에 주어진 어구를 순서대로 배열하세요.

21 그 아이들은 선생님에게 진실을 말했다. (told, the children, their
→

22 그는 집 없는 고양이에게 새 집을 찾아주었다. (found, a new home,
→

조건 영작 \ 다음 우리말과 일치하도록 괄호 안의 어구를 활용하여 영작하세요. (필요하면 hite ha

21 제이콥은 아침 일찍 일어난다. (early in the morning, wake up,
→

22 기름값이 서서히 올랐다. (of gas, gradual, the price, rise)
→

23 그 선박은 인도에서 중국으로 항해한다. (sail, from India, the ship

❺ 문장전환/문장쓰기

문장 전환 \ 다음 밑줄 친 어구와 의문문을 합쳐 한 문장으로 쓰세요. [각 6점] 내신 직건

01 I don't know + Can I borrow the books?
→

02 Will his plan make a positive change? + is not kn
→

문장 전환 \ 다음 문장을 주어진 단어로 시작하는 수동태 문장으로 바꿔 쓰세요. 내신 suse

11 Shakespeare wrote *Hamlet* in 1601. [7점]
→ *Hamlet* _____

12 Edison invented the light bulb in 1879. [7점]
→ The light bulb _____

13 The company exports many kinds of items every r

Contents

PART

1

문장 독해의 출발점, **동사**

CHAPTER

01

문장의 기본 구조와 동사

동사 찾아 해석하기   다음 문장에서 동사를 찾아 밑줄 긋고 밑줄 친 부분을 해석하세요. [각 4점]

01   The winter came.

02   Strange things happened.

03   The K-pop concert began at 5 o'clock.

04   A man at the back stood up.

05   Your puppy grew up so fast.

Guide ✔ SV문형을 이루는 동사는 뒤에 부사나 〈전치사+명사〉 형태의 수식어만 올 뿐, 목적어나 보어가 필요 없다.

주어 찾아 해석하기   다음 문장에서 주어를 이루는 부분(수식어구 포함) 뒤에 / 표시하고 주어 부분을 모두 해석하세요. [각 4점]

06   The young girl on the stage smiled.

07   Most African elephants usually live long.

08   That hunting dog from Jindo runs fast.

09   The temperature of the sea fell sharply in the night.

10   The moon and the stars disappeared behind the clouds.

Guide ✔ 주어를 수식하는 〈전치사+명사〉구는 언제나 주어 뒤에 온다. 동사 앞에 동사를 수식하는 부사(구)가 올 수 있으므로 주의한다.

동사와 부사(구) 찾아 해석하기   다음 문장에서 동사와 부사(구)를 찾아 밑줄 긋고 밑줄 친 부분을 해석하세요. [각 4점]

11   The earthquake and tsunami occurred last night.
*tsunami 쓰나미

12   Leaves fall to the ground in the autumn.

13   My little brother got up late this morning.

14   My parents exercise together on weekends.

15   My aunt and uncle arrived here by train.

Guide ✔ 부사(here 등)나 〈전치사+명사〉구 외에 일부 명사(구)(last night, this morning 등)도 부사로 쓰인다.

16 The airplane landed safe / safely .

17 The beautiful / beautifully tree fell down.

18 The plant in my room died recent / recently .

19 The severe / severely storm appeared early Monday.

고난도 **20** Please remain in your seats patient / patiently after the performance.

> Guide ✔ 주어(명사)를 수식하는 것은 형용사이고 동사를 수식하는 것은 부사이다.

21 제이콥은 아침 일찍 일어난다. (early in the morning, wake up, Jacob)

→

22 기름값이 서서히 올랐다. (of gas, gradual, the price, rise)

→

23 그 선박은 인도에서 중국으로 항해한다. (sail, from India, the ship, to China)

→

고난도 **24** 한국의 한 유명한 가수가 내 옆에 앉았다. (next to me, sit, in Korea, a famous singer)

→

고난도 **25** 우리 아버지는 서울에 있는 IT 회사에서 일하신다. (work, in Seoul, at an IT company, my father)

→

> Guide ✔ SV문형 동사가 포함된 문장의 영작은 주어와 주어 수식어구 뒤에 동사와 동사 수식어구를 배치하면 된다.

08 hunting dog 사냥개 **09** temperature 온도, 기온 sharply 급격히; 날카롭게 *cf.* sharp 급격한; 날카로운 **10** disappear 사라지다; 실종되다(↔ appear 나타나다; 발생하다) behind (위치가) 뒤로, 뒤에(↔ in front of 앞에) **11** earthquake 지진 occur 발생하다, 일어나다 **12** leaf ((복수형 leaves)) 나뭇잎 **14** exercise 운동(하다); 연습 **16** land 착륙하다(↔ take off 이륙하다) **18** recent 최근의 *cf.* recently 최근에 **19** severe 거센, 극심한; 엄격한 *cf.* severely 극심하게; 엄격하게 storm 폭풍(우) **20** patient 참을성 있는; 환자 *cf.* patiently 참을성 있게 **22** gradual 서서히 하는, 점차적인 *cf.* gradually 서서히, 점차적으로 rise(-rose-risen) 오르다 **23** sail 항해하다; 돛 from A to B A에서 B로

동사와 보어 찾아 해석하기 \ 다음 문장에서 동사와 보어를 찾아 밑줄 긋고 밑줄 친 부분을 해석하세요. [각 3점]

01 Your idea sounds interesting.

02 One leg of the chair came loose.

03 My father's hair turned grey early.

04 The child kept quiet for a long time.

05 Tom Cruise is a talented American actor.

06 William became a famous boy band member.

Guide ✓ 보어로 형용사가 올 때 부사처럼 해석되기도 한다.

알맞은 어법 고르기 \ 다음 문장의 네모 안에서 어법상 알맞은 것을 고르세요. [각 4점] 수능 직결

07 This food smells bad / badly .

08 The clerks in the store kept busy / busily .

09 The weather turns warm / warmly in spring.

10 The little boy cried silent / silently in his room.

11 The warning light on the screen disappeared final / finally .   *warning light 경고등

12 His childhood memories were precious / preciously to him.

Guide ✓ 형용사는 주어의 성질이나 상태가 어떠한지를 설명할 수 있고, 부사는 동사를 수식할 수 있다.

어법 판단하기 \ 다음 밑줄 친 부분이 어법상 옳으면 ○, 틀리면 ×로 표시하고 바르게 고치세요. [각 4점] 수능 직결

13 This apple pie tastes deliciously.

14 The girls in the picture look so happily.

15 Everybody stayed calm during the argument.

16 The door opened slowly and he walked in.

17 Basketball remains popularly in America.

Guide ✓ SV문형에서 V 뒤에 올 수 있는 것은 부사이고, SVC문형에서 V 뒤에 올 수 있는 것은 형용사이다.

〈보기〉　① 주어+동사(SV)　　　　　② 주어+동사+보어(SVC)

18 ⓐ I went to the concert last night.

→

ⓑ The milk went bad.

→

19 ⓐ His old friend appeared at his birthday party.

→

ⓑ Everything appeared fine at first.

→

고난도 **20** ⓐ My bike got wet in the rain.

→

ⓑ Some students got there on time.　　　*on time 제시간에

→

Guide ✔ 형용사는 주어의 성질이나 상태가 어떠한지를 설명하는 보어이고, 부사는 동사를 수식한다. 〈전치사+명사〉구는 부사로 쓰일 수 있다.

SVC문형 찾기 \ 다음 문장을 해석하고, SVC문형이면 ○, 아니면 ✕로 표시하세요.

21 The flames of the candle grew dim. [6점]　　　*dim 흐릿한; 어둑한

→

22 The cause of the fire remains a mystery. [6점]

→

고난도 **23** The truck stopped suddenly on the highway. [7점]　　　*highway 고속도로

→

고난도 **24** The guests at the wedding ceremony were very polite. [7점]

→

Guide ✔ SVC문형에서 보어 자리에는 (대)명사 또는 형용사가 오고 이들은 주어를 보충 설명한다. (대)명사 보어는 '주어=보어'이고, 형용사 보어는 주어와 의미가 연결된다.

02 loose 느슨한, 풀린 **04** for a long time 오랫동안 **05** talented 재능 있는 **06** famous 유명한 **08** clerk 점원 **12** childhood 어린 시절 precious 소중한, 귀중한 cf. preciously 소중하게; 까다롭게 **15** calm 차분한, 침착한; 진정시키다 cf. calmly 차분하게; 고요히 argument 논쟁; 말다툼 **16** walk in 걸어 들어오다 **19** at first 처음에는 **20** wet 젖은; 적시다 **21** flame 불꽃, 불길; 활활 타오르다 **22** cause 원인, 이유; 야기하다 **24** wedding ceremony 결혼식 polite 정중한, 예의 바른(↔ impolite, rude 무례한, 예의 없는)

목적어 찾기&해석하기 \ 다음 문장에서 목적어(수식어구 포함)를 찾아 밑줄 긋고 문장 전체를 해석하세요. [각 5점]

01 I heard a rumor about our new professor.

→

02 He bought a movie ticket at the box office.

*box office 매표소

→

03 My parents want a big house with a front yard.

→

04 The teacher introduced a transfer student to the class.

*transfer student 전학생

→

05 My brother and I made a plan for a summer vacation.

→

Guide ✔ 목적어 뒤의 수식어구가 목적어와 의미가 연결되면 형용사적 수식어이므로 밑줄에 포함하고, 주로 '～인, ～한'으로 해석한다.

조건 영작 \ 다음 우리말과 일치하도록 괄호 안의 어구를 활용하여 영작하세요. (필요하면 어형 변화 및 단어 추가 가능) [각 5점]
내신 직결

06 그는 그녀와 3개월 전에 결혼했다. (her, marry)

→ He _____ three months ago.

07 그 요트는 저녁에 해안에 도착했다. (the coast, reach)

→ The yacht _____ in the evening.

08 그의 딸은 곧바로 전화를 받았다. (the phone, answer)

→ His daughter _____ right away.

09 그 금메달리스트는 환하게 미소 지으며 차량에서 내렸다. (get off, the vehicle)

→ The gold medalist _____ with a big smile.

10 그 직원은 점잖은 태도로 팀장 직책을 거절했다. (turn down, a manager position)

→ The staff member _____ in a polite way.

Guide ✔ 목적어가 '～을/를'로 해석되지 않더라도 전치사를 붙이지 않도록 주의하고, 뒤에 목적어를 취하는 구동사를 잘 익혀두도록 한다.

다음 문장을 해석한 뒤, SVO문형이면 ○로 표시하고, 아니면 SV, SVC문형 중 알맞은 것을 쓰세요. [각 5점]

11 The store stays open late on Fridays.

→

12 I chose a long dress for my graduation party.

→

13 Many car accidents occur at the intersection.

*intersection 교차로

→

14 A lazy student turned in the homework after the deadline.

→

고난도 **15** Last year, Betty became a music teacher in a middle school.

→

Guide ✔ SVO문형에서 (구)동사 뒤의 어구는 (대)명사이고 주어의 동작을 받는 대상이다. 원칙적으로 주어와 목적어는 같지 않다. (주어≠목적어)

배열 영작 **다음 우리말과 일치하도록 괄호 안에 주어진 어구를 순서대로 배열하세요.** [각 5점] 내신 직결

16 나는 크리스마스이브에 부모님을 방문할 것이다. (will, my parents, visit, on Christmas Eve)

→ I _____.

17 농부가 쥐를 잡기 위한 덫을 놓았다. (set, for the rats, a trap)

→ The farmer _____.

고난도 **18** 정류장에 있던 몇몇 학생들이 그 버스에 탔다. (the bus, got on, at the station)

→ A few students _____.

고난도 **19** 나는 하늘에서 보름달을 보았다. (the full moon, saw, in the sky)

→ I _____.

20 그녀는 6시 이후에 회의에 참석할 것이다. (the meeting, attend, after 6 o'clock, will)

→ She _____.

Guide ✔ SVO문형에서 동사 수식 부사구는 대개 문장 끝에 온다. 주어나 목적어를 수식하는 형용사구는 각각 그 뒤에 위치시킨다.

---

01 rumor 소문 professor 교수 **03** front yard 앞마당 **04** introduce 소개하다 class 학급 (학생들) **07** coast 해안 **08** right away 곧바로, 즉시 **09** vehicle 차량
10 position 직책; 위치 **12** graduation 졸업(식) **14** deadline 마감 기한 **17** trap 덫; 함정 **19** full moon 보름달

주어＋동사＋간접목적어＋직접목적어

동사와 목적어 찾아 해석하기 \ 다음 문장에서 동사, 간접목적어, 직접목적어(수식어구 포함)를 찾아 밑줄 긋고 밑줄 친 부분을 해석하세요. [각 4점]

01 Dad gave me his old watch.

02 Her aunt lent her some money.

03 My mother made me a birthday cake.

04 He often cooks his family dinner.

05 My little sister told me the news about the fight.

06 The magician showed the audience some wonderful magic.

Guide ✔ 목적어를 두 개 가질 수 있는 동사는 'IO에게 DO을 (~해)주다'로 해석한다.

목적어 구별하기 \ 다음 문장에서 간접목적어와 직접목적어(수식어구 포함) 각각에 밑줄 긋고 IO, DO로 표시하세요. [각 4점]

내신 직결

07 The young clerk chose me a pair of black shoes.

08 Jennifer teaches students physics and chemistry.

09 Four-leaf clovers may bring you good luck and happiness.

10 Henry bought his mother a bunch of flowers.

11 The manager at the store offered her the job.

고난도 **12** The company pays the employees the wages monthly.

고난도 **13** I will send you the details of my proposal tomorrow.

*proposal 제안; 계획

Guide ✔ 동사 바로 뒤에서 '~에게'로 해석되는 것이 IO, '~을'에 해당하는 것이 DO이다. 보통 IO는 '사람', DO는 '물건'이다.

---

05 fight 싸움; 싸우다 06 magician 마술사 audience 관중, 청중 07 a pair of shoes 신발 한 켤레 08 physics 물리학 chemistry 화학 10 bunch 다발, 묶음
11 manager 운영자, 관리자 12 employee 직원, 고용인 wage 임금 monthly 매월, 다달이 13 details 세부 사항 15 prescription 처방(전) 18 apology 사과
21 truth 진실 22 homeless 집 없는 24 next to ~ 바로 옆에 25 fire exit 화재 대피구, 비상구 resident 주민, 거주자

[각 4점]

14 The leaves turn green in summer.

→

15 The doctor wrote me a prescription for medicine.

→

16 One of my relatives became an idol last month.　　　　*relative 친척; 상대적인 **idol 아이돌; 우상

→

17 A man is looking at himself in the mirror.

→

18 Joanna sent me a letter of apology this morning.

→

19 My father bought me some oranges at the supermarket.

→

20 For his birthday this year, I got my dog new toys.

→

Guide ✔ 동사의 의미가 'IO에게 DO를 (해)주다'이고 이어지는 어구가 IO, DO인지를 확인한다.

배열 영작 \ 다음 우리말과 일치하도록 괄호 안에 주어진 어구를 순서대로 배열하세요. [각 4점] 〈내신 직결〉

21 그 아이들은 선생님에게 진실을 말했다. (told, the children, their teacher, to, the truth)

→

22 그는 집 없는 고양이에게 새 집을 찾아주었다. (found, a new home, the homeless cat, he)

→

23 수지는 남동생을 위해 흰색 모자를 주문해주었다. (Susie, a white hat, her brother, ordered, for)

→

고난도 **24** 내 친구들이 나에게 그들 바로 옆에 자리 하나를 남겨두었다. (them, kept, a seat, me, my friends, next to)

→

고난도 **25** 소방관은 주민에게 화재 대피구에 대한 질문을 했다.

(about, the firefighter, a question, a fire exit, the resident, asked)

→

Guide ✔ SVOO문형은 〈SVDO+to[for, of]+IO〉로도 표현할 수 있으므로 주어진 어구에 전치사가 있는지 확인하고 적절한 어순으로 배열한다.

주어+동사+목적어+보어

다음 문장에서 동사, 목적어, 보어를 찾아 밑줄 긋고 밑줄 친 부분을 해석하세요. [각 4점]

01 My son thinks me a superhero.

02 My mother always leaves the kitchen clean.

03 Jim found his new classmate smart.

04 Everybody believes Jane a great scientist.

05 The bad news made people nervous.

Guide ✔ SVOC문형에서 보어(C)는 목적어(O)를 보충 설명한다.

목적어와 보어 관계 이해하기 다음 문장에서 목적어와 보어를 찾아 밑줄을 긋고 〈보기〉와 같이 바꿔 쓰시오. [각 4점] 내신 직결

〈보기〉 I found the box empty. → The box was empty.

06 He believes Jacob a genius director.

07 People considered the actor creative.

08 The audition made him a superstar.

09 We call Bach the "Father of music." *Bach 바흐 ((독일 작곡가))

10 She thought the manager a nice person.

Guide ✔ SVOC문형에서 보어(C)는 목적어(O)를 보충 설명하므로 OC부분은 〈O+be동사+C〉의 의미이다. 각 문장의 시제에 주의하자.

SVOC문형 찾기 다음 문장을 해석한 뒤, SVOC문형이면 ○로 표시하고, 아니면 SVC, SVO, SVOO문형 중 알맞은 것을 쓰세요. [각 4점]

11 Katie always kept her room dirty.

→

12 He called his mom from the station.

→

13 His comments left me speechless with anger. *speechless (충격으로) 할 말을 잃은; 말을 못하는

→

14 I was feeling quite comfortable in a new place.

→

15 Most people think the new medicine completely safe.

→

고난도 **16** He found me a job in an office near our house.

→

Guide ✔ 목적어와 명사 보어는 '=' 관계이고, 형용사 보어는 목적어와 be동사로 연결했을 때 의미가 통한다. 동사 뒤의 명사 두 개가 서로 같지 않으면 SVOO문형이고, 목적어 하나만 있으면 SVO문형이다.

알맞은 어법 고르기 ╲ **다음 문장의 네모 안에서 어법상 알맞은 것을 고르세요.** [각 4점] **수능 직결**

17 This coat will keep you warm / warmly during the winter.

18 People should consider environmental issues careful / carefully.

고난도 **19** Jake chose a pretty paper carnation for his parents prompt / promptly.

고난도 **20** Everybody believed the movie about the astronauts successful / successfully.

Guide ✔ 목적어를 보충 설명하는 형용사 보어가 올 자리인지 동사를 수식하는 부사가 올 자리인지 살펴서 형용사와 부사 중 알맞은 것을 고른다.

배열 영작 ╲ **다음 우리말과 일치하도록 괄호 안에 주어진 어구를 순서대로 배열하세요.** [각 5점] **내신 직결**

21 가로등은 거리를 밝은 상태로 유지한다. (keep, the street lights, bright, the roads)

→

22 그녀는 다락방과 지하실이 넓다는 것을 알게 되었다. (and, found, she, the attic, large, basement)

→

23 우리는 그 쌍둥이들에게 찰리와 마일로라는 이름을 지어주었다. (named, Charlie, we, Milo, the twins, and)

→

고난도 **24** 많은 시청자가 그 TV 프로그램이 유익하고 흥미롭다고 생각한다.

(interesting, the TV program, consider, informative, many viewers, and)

→

Guide ✔ 목적어에 해당하는 것과 보어에 해당하는 것을 잘 구별하여 차례대로 배열한다.

---

05 nervous 불안한 **07** creative 창의적인 **08** audition 오디션 **12** station 역, 정류장 **13** comment 발언; 지적, 비판 **14** quite 꽤, 상당히 comfortable 편안한 **15** completely 완전히 **18** environmental 환경의 **19** prompt 신속한; 즉각적인 *cf.* promptly 신속하게; 즉시 **20** astronaut 우주비행사 **21** street light 가로등 **22** attic 다락방 basement 지하실 **23** twin 쌍둥이 **24** informative 유익한

P A R T 1

CHAPTER

0 2

동사를 통해
드러나는 시제

동사 변화형 쓰기

✔ 다음 주어진 단어를 단서로 하여 빈칸에 알맞은 동사형을 채우세요.

기본형 (원형)	3인칭 단수 현재형	과거형	과거분사형 p.p.	현재분사형 v-ing
become	becomes	became	become	becoming
			begun	
		brought		
				building
	beats			
bind 묶다; 감다				
bear 참다, 견디다; (아이를) 낳다				
				biting
	bleeds			
blow (입으로) 불다				
				breaking
			bought	
burn				
	catches			
choose				
cost (비용이) 들다				
			cut	
come				
do				
				drawing
drink				
drive				
	dies			

*불규칙 동사 변화형에 주의하세요!

dye 염색하다				
		ate		
feel				
fight				
	falls			
	flows			
fly 날다				
		forgot		
	gets			
give				
go				
grow 자라다				
have				
hang 걸다, 매달다				
		heard		
	holds			
hide				
hit				
				hurting
			kept	
know				
lead				
	leaves			
let				

✔ 다음 주어진 단어를 단서로 하여 빈칸에 알맞은 동사형을 채우세요.

기본형 (원형)	3인칭 단수 현재형	과거형	과거분사형 p.p.	현재분사형 v-ing
lose				
				lending
		made		
	means			
			met	
		paid		
	puts			
read				
rise				
		ran		
seek				
	sees			
				shaking
show				
		spoke		
sell				
set				
		shut		
	sings			
	swings			
spill				
				sending
sleep				
	smells			

sit				
spend				
spread 퍼지다; 펼치다				
			stood	
steal				
swim				
		took		
throw				
				teaching
tell				
think				
		understood		
wake				
	wins			
wind 구부러지다				
				wearing
	writes			

현재시제의 때와 의미 \ 다음 문장의 밑줄 친 동사가 나타내는 때와 의미에 관련되는 것을 〈보기〉에서 찾아 그 기호를 쓰세요.

[1~5번 각 6점, 6~15번 각 7점]

〈보기〉 ⓐ 현재 상태　　ⓑ 미래 일정　　ⓒ 반복적인 일　　ⓓ 언제나 사실인 것

01 I usually get up early.

02 Dinner is at 7:00 p.m. Don't be late.

03 Water and oil do not mix.

04 She knows English grammar very well.

05 We go to church every Sunday.

06 I didn't eat lunch. I feel hungry now.

07 The movie begins at 8 o'clock tonight.

08 Chris always carries a water bottle.

09 Two and three makes five.

10 What time does the flight arrive?

11 My neighbors really love their dogs.

12 Magnets attract iron.

*iron 철, 쇠

13 Do you take the bus to school?

14 The basketball game starts in 5 minutes.

15 Horses, elephants, and giraffes don't eat meat.

Guide ✔ 미래나 반복을 의미하는 부사(구)도 잘 연결 지어 해석해본다.

---

03 mix 섞(이)다; 혼합하다　04 grammar 문법　08 carry 가지고 다니다; 운반하다　10 arrive 도착하다(↔ depart 출발하다)　11 neighbo(u)r 이웃　12 magnet 자석 attract 끌어당기다; 끌어들이다　13 take a bus 버스를 타다

알맞은 어법 고르기 \ 다음 문장의 네모 안에서 어법상 알맞은 것을 고르세요. [각 10점] 수능 직결

01 She left / will leave the class thirty minutes ago.

02 The boy is 5 years old. He was / will be 6 next year.

03 The Korean War broke out / will break out on June 25, 1950.

04 **A** I have to move a heavy box.

ㅤ**B** No problem. I did / will do that for you. Where is it?

05 I reviewed / will review these reports thoroughly later next week.

Guide ✔ 부사나 전체 문맥을 고려하여 적절한 시제를 판단한다.

시제 오류 찾기 \ 다음 (A)~(E) 중 밑줄 친 부분이 어법상 어색한 문장을 2개 찾아 바르게 고치세요. [50점] 내신 직결

(A) Charlie <u>got</u> an A in the geography class last semester.

(B) His sister <u>went</u> to Canada the day before yesterday.

(C) I ordered the books yesterday. I hope they <u>arrived</u> in two days.

(D) Mike <u>will upload</u> his pictures on social media two hours ago.

(E) My family <u>will have</u> a barbecue at the party tomorrow evening.

06

기호	틀린 표현	고친 표현

Guide ✔ • 과거시제: 과거에 일어난 동작이나 상태
ㅤㅤㅤㅤ • 미래시제: 앞으로 일어날 일

03 break out 발발[발생]하다 05 review 검토하다; 복습하다 thoroughly 철저히, 완전히 06 geography 지리학; 지리[지형] semester 학기 order 주문(하다); 명령 (하다); 순서; 질서 upload (자료 · 데이터 등을) 업로드하다 social media 소셜 미디어 ((트위터 · 페이스북과 같은 소셜 네트워킹 서비스))

시제 오류 찾기 \ 다음 (A)~(E) 중 밑줄 친 부분이 어법상 어색한 문장을 2개 찾아 바르게 고치세요. [40점] ◀ 내신 직결

(A) <u>Does</u> the play <u>start</u> at 7:30 or 8:00?

(B) The moon <u>moved</u> around the earth.

(C) Doctors in the hospital <u>will seem</u> very busy these days.

(D) Those people usually <u>have</u> salad for lunch at the cafeteria.

(E) My package <u>arrived</u> at the airport a week ago.

01

기호	틀린 표현	고친 표현

Guide ✔ 현재시제의 여러 의미와 미래를 뜻하는 경우에 주의한다.

조건 영작 \ 다음 우리말과 일치하도록 괄호 안의 어구를 활용하여 〈조건〉에 맞게 영작하세요. [각 12점] ◀ 내신 직결

〈조건〉 • 필요하면 어형 변화 가능, 단어 추가 불가
• 빈도부사를 제외한 부사(구)는 빈칸 맨 끝에 위치할 것

02 우리 팀 프로젝트는 <u>모레 끝난다.</u> (tomorrow, finish, after, the day)

→ Our team project _____.

고난도 03 <u>그 소년은 방과 후에 항상 체육관에 간다.</u> (go, the boy, the gym, to, always)

→ _____ after school.

04 그 가수는 <u>2년 후에 신곡을 발표할 것이다.</u> (after, a new song, two years, will release)

→ The singer _____.

05 서울행 비행기는 <u>어제 오후 3시 15분에 출발했다.</u> (depart, at 3:15 p.m. yesterday)

→ The flight for Seoul _____.

고난도 06 마크는 <u>때때로 공원에서 친구들과 함께 자전거를 탄다.</u> (ride, the park, his bike, in, sometimes)

→ Mark _____ with his friends.

Guide ✔ 시제를 알려주는 부사구에 주목하고 주어가 3인칭 단수일 때 현재시제의 변화형과 빈도부사의 위치에 주의한다.

01 cafeteria 구내식당, 카페테리아 package 소포 03 gym 체육관 04 release 발표[공개](하다); 풀어 주다

현재진행형이 나타내는 때·의미

어법 판단하기 │ 다음 밑줄 친 부분이 어법상 옳으면 ○, 틀리면 ✕로 표시하고 바르게 고치세요. (단, 현재시제 또는 현재진행형으로 고칠 것) [각 4점] ◀내신 직결

〈보기〉 I goes to the hospital now. ✕, *am going*

01 Our son takes English lessons every morning.

02 I am working at the cosmetic company this month.

03 Water is boiling at 100℃.

04 It rains a lot at the moment. Wear your rain boots.   *rain boots (우천용) 장화

05 He always drives to his office by himself.

06 She doesn't usually wear earrings, but she wears them today.

07 They are talking about economic issues these days.

Guide ✔ 현재시제: 현재 상태, 미래 일정, 반복적인 일, 언제나 사실인 것 / 현재진행형: 현재 하고 있는 동작이나 일시적인 일; 최근 변화하고 있는 일

현재진행형의 때와 의미 │ 다음 밑줄 친 동사의 의미를 쓰고 그것이 가리키는 때에 ✔ 표시하세요. [각 9점]

08 We are moving to Daegu next month.   ☐현재 ☐미래

09 My father is cooking dinner in the kitchen.   ☐현재 ☐미래

10 Ken is doing his science homework this weekend.   ☐현재 ☐미래

11 Ben is going on a business trip to Japan tomorrow.   ☐현재 ☐미래

12 I am writing an essay about my favorite movie now.   ☐현재 ☐미래

고난도 **13** Sarah is taking her daughter to the music classes later.   ☐현재 ☐미래

14 Jimin's brother and I are playing soccer at this moment.   ☐현재 ☐미래

고난도 **15** A What is Ms. Kate doing now?
　　　 B She is having lunch with her coworker at the restaurant.   ☐현재 ☐미래

Guide ✔ 현재진행형이 미래를 뜻하는 부사와 함께 쓰이면 확정된 미래의 일정을 나타내고, '~ 하기로 되어 있다, ~ 할 예정이다'로 해석한다.

01 take (수업 등을) 듣다; 가져가다; 데려다주다 02 cosmetic 화장품 03 boil 끓(이)다 04 at the moment (바로) 지금 05 by oneself 직접; 혼자 07 economic 경제의 *cf.* economics 경제학 issue 문제; (정기 간행물의) 호 11 go on a business trip 출장을 가다 12 essay 에세이[과제물]; 글 15 coworker 동료(= colleague)

알맞은 시제 고르기 다음 문장의 네모 안에서 어법상 알맞은 것을 고르세요. [각 10점] **수능 직결**

01 He [was listening / will be listening] to music yesterday morning.

02 It [was snowing / will be snowing] at this time tomorrow evening.

03 We [were meeting / will be meeting] our new coach an hour later.

04 Linda's family [was living / will be living] in New York in 2019.

Guide ✔ '때'를 나타내는 부사구를 참고하여 적절한 시제를 선택한다.

해석하기 다음 문장을 동사의 시제에 주의하여 알맞게 해석하세요. [각 10점]

05 Nelson was studying at 10:00 a.m. last Sunday.

→

06 I will be lying on the beach this time next week.

→

Guide ✔ 과거 진행형은 '(과거에) ~하고 있었다', 미래 진행형은 '(미래에) ~하고 있을 것이다'의 의미이다.

시제 변형하기 다음 괄호 안의 어구를 활용하여 대화를 완성하세요. (과거진행형/미래진행형 중 하나를 쓸 것) [각 10점] **내신 직결**

07 **A** What were Tim and Jenny doing last night?

   B They _____ together. (study history)

08 **A** What will you be doing at this time tomorrow morning?

   B I _____ at this time tomorrow morning. (play tennis)

09 **A** Do you know what happened to Eric?

   B Eric had a car accident last night, and he is in the hospital. I think he

   _____ again in March next year. (work)

10 **A** Why did you miss the final match yesterday? It was amazing!

   B I _____ at that time. (take care of my sister)

Guide ✔ 대화의 흐름과 '때'를 나타내는 부사구에 주목하고 동사의 변화형에도 주의한다.

03 coach (스포츠 팀의) 코치 06 lie 눕다(-lay-lain-lying); 거짓말하다(-lied-lied-lying) beach 해변 09 happen 일어나다, 발생하다 accident (교통)사고; 우연
10 miss 놓치다; 그리워하다 final match 결승전 take care of ~을 돌보다(= look after)

for/since 구별하기 \ 다음 문장의 네모 안에서 어법상 알맞은 것을 고르세요. [각 3점]

01 Samantha has been a doctor for / since 2018.

02 I have exercised regularly for / since six months.

03 This week has been so busy for / since Monday.

04 They have learned badminton for / since last month.

05 My uncle has used the same laptop for / since ten years.

Guide ✔ 〈for+기간〉: ~동안 / 〈since+시점〉: ~부터

알맞은 시제 고르기 \ 다음 문장의 네모 안에서 어법상 알맞은 것을 고르세요. [각 4점] 수능 직결

06 Jessica won / has won the music contest three times so far.

07 Her son lost / has lost his cell phone two days ago.

08 Nick and Joe ran / have run into each other the day before yesterday.

09 They took / have taken the meditation class since two o'clock.

Guide ✔ 이미 끝나버린 과거를 나타내는 부사(구)와 현재완료형은 같이 쓸 수 없다.

현재완료 해석하기 \ 다음 문장의 밑줄 친 부분을 알맞게 해석하세요. [각 5점]

10 I have kept the window open since this morning.

11 He has just done his work. He can rest now.

12 The students in her class haven't finished the exam yet.

13 The baby has never tried spicy food. She is just two years old.

Guide ✔ 현재완료를 나타내는 여러 의미별로 각각 자주 같이 쓰이는 부사(구)에 주목한다.

02 regularly 규칙[정기]적으로 05 laptop 노트북 ((휴대용 컴퓨터)) 08 run[bump] into 우연히 마주치다 09 meditation 명상, 묵상 cf. meditate 명상[묵상]하다
10 keep O C O를 C한 채로 두다 11 rest 쉬다; 휴식 12 exam 시험 13 spicy 매운, 양념 맛이 강한

14 **A** How long has she played the violin?

　　B She (play) _____ the violin for six years.

15 **A** Have you learned Spanish in school?

　　B No. I haven't. but I (learn) _____ Japanese before.

16 **A** Did Clara have a fight with her boyfriend last weekend?

　　B I guess so. She (not, call) _____ him since then.

17 **A** Who are they in this picture?

　　B They are my best friends in America. I (know) _____

　　　　them for more than 10 years.

고난도 **18** **A** My boss (finish) _____ her project an hour ago.

　　B I know, but she (not, leave) _____ the office yet.

Guide ✔ 대화 흐름과 부사에 주목하여 알맞은 시제를 판단한다.

19 나는 이전에 라디오에서 그 노래를 들어본 일이 있다. (I, have, that song, hear)

→ _____ on the radio before.

20 그 선수는 이번 시즌에 지금까지 10개의 골을 넣었다. (have, 10 goals, the player, score)

→ _____ so far this season.

21 우리 부모님은 2002년부터 같은 집에서 살고 계신다. (live, in the same house, have, my parents)

→ _____ since 2002.

고난도 **22** 존과 엘렌은 하와이에서 일주일을 보내고 막 돌아왔다. (just, come, from a week, back, have)

→ John and Ellen _____ in Hawaii.

23 그는 올 초부터 무역 회사에서 일해 왔다. (at the trading company, work, he, have)

→ _____ since the beginning

　　of this year.

Guide ✔ 우리말과 주어진 부사(구)를 통해 알맞은 시제를 파악하고 인칭과 수에 맞게 동사를 쓴다.

---

16 have a fight with ~와 싸우다　20 score 득점(하다); 점수　season (1년 중에서 특정한 활동이 행해지는) 시즌[철]　23 trading company 무역 회사

CHAPTER

0 3

동사에 의미를
더하는 조동사

be able to로 표현하기 다음 밑줄 친 부분을 be able to를 이용하여 바꿔 쓰세요. [각 4점]

01 I <u>can</u> take care of my dog well.

02 Penguins are birds, but they <u>can't</u> fly.

03 Minsu <u>could</u> read Korean at the age of three.

04 We <u>could</u> meet Matt and Amy. We spent an hour with them.

05 They <u>couldn't</u> climb the mountain because of a heavy storm.

> Guide ✔ can, could가 '능력'의 의미일 때 be able to로 바꿔 쓸 수 있다. 주어의 인칭과 수, 그리고 동사의 시제에 주의한다.

실제 때 판별하기 다음 밑줄 친 조동사가 실제로 나타내는 때에 ✔ 표시하세요. [각 5점]

06 <u>Could</u> you turn off the TV over there?   ☐ 과거   ☐ 현재나 미래

07 I'll drop you everyday, or you <u>could</u> use my car.   ☐ 과거   ☐ 현재나 미래

08 James <u>couldn't</u> come to my birthday party. He was sick.   ☐ 과거   ☐ 현재나 미래

09 We <u>could not</u> sleep well last night because of the noise.   ☐ 과거   ☐ 현재나 미래

10 Do you really want to go alone? I <u>could</u> go with you.   ☐ 과거   ☐ 현재나 미래

> Guide ✔ could는 '과거의 능력(~할 수 있었다)'을 뜻할 때 외에는 모두 현재나 미래를 나타낸다.

해석하기 다음 문장의 밑줄 친 부분을 조동사의 의미에 유의하여 알맞게 해석하세요. [각 5점]

11 You <u>can't speak loudly</u> in the subway. It is bad manners.

12 You <u>may go to the movie</u> with your friends after the exam.

13 **A** Where's my wallet? I <u>can't find it.</u>
      B I don't know. <u>It might be on the seat or floor.</u>

14 Look at the sky. <u>It could rain tonight.</u>

15 Tony <u>could improve his acting skills</u> with the help of the director.

> Guide ✔ 문맥이 능력, 허락, 금지, 가능성·추측 중 어느 것을 의미하는지 판단해본다.

16 **A** Can I turn the TV on?

B _____ You should go to sleep now.

① Yes, I will.　　　　② I'm sorry, you can't.　　　③ I'm afraid I can't.

④ Yes, you can.　　　⑤ No, I couldn't.

17 **A** May I write the answer with this black pen?

B _____ Please go ahead.

① Yes, you did.　　　　② No, it can't be.　　　③ Of course, you can.

④ No, I couldn't.　　　⑤ I'm afraid I won't.

고난도 **18** **A** _____ the way to Jin's house?

B I'm afraid they couldn't. They lost their way.

① Is he able to find　　② May I know　　　③ Will they be able to find

④ Were they able to find　⑤ Can you find

Guide ✓ Can[Could, May] I ~ ?: 허락 구하기의 응답은 can을 이용하는 것이 보통이다.
– 긍정의 응답: Yes, you can. / Of course. / Sure.　– 부정의 응답: I'm sorry(, but) you can't. / I'm afraid you can't.

---

19 You are carrying a large pile of books and aren't able to open the door. You say to another student:

① May I carry the books for you?

② Could you please open the door for me?

20 At the party, the man was introduced to Sarah, but he forgot her name after an hour. He is trying to ask for her name again:

① May I ask your name again?

② Could you remember my name?

고난도 **21** The teacher gave you homework last week, but you haven't done it yet. The deadline is 4 p.m. today and it's already 3:30. Your friend is asking you:

① Can I finish my homework by 4 p.m.?

② Will you be able to finish it by 4 p.m.?

Guide ✓ Can[Could, May] I ~?: 허락 구하기 / Could you ~?: 요청 / will be able to: 미래의 능력

---

03 at the age of ~의 나이에　05 storm 폭풍(우)　07 drop (어디로 가는 길에) 내려 주다　18 lose the[one's] way 길을 잃다　20 introduce 소개하다; 도입하다

해석하기 다음 문장의 밑줄 친 부분을 알맞게 해석하세요. [각 5점]

01 Emma looks sad. <u>She must have a problem.</u>

02 <u>You should not eat fast food too often.</u> It's unhealthy.

03 <u>He has to leave the door unlocked.</u>

04 <u>Tom had better not stay up too late.</u>

05 <u>We must not make any noise</u> in the library.

06 <u>You don't have to take an umbrella.</u> It'll be sunny today.

07 <u>My little sister ought to go home</u> and get some rest.

08 <u>Visitors should follow the map</u> in this maze.

*maze 미로

> **Guide** ✔ must: 의무, 필요; 가능성, 추측 / have to: 의무, 필요 / should, ought to: 의무, 충고, 조언 / had better: 충고, 조언
> must not, should not, had better not: 금지 / don't have to: 불필요

문맥에 알맞은 조동사 고르기 ＼ 다음 문장의 네모 안에서 문맥상 가장 알맞은 것을 고르세요. [각 6점]

09 Justin seems sick. He had better / should not go home.

10 Last night, Mary couldn't sleep at all. She has to / must be tired now.

11 My father's car is broken. He should / had better not ask for help.

12 You don't have to / must not drive when you feel drowsy. It's dangerous.

13 Students ought to / need not knock on the door first. There may be a class.

> **Guide** ✔ 문맥이 의무나 (불)필요 또는 금지를 의미하는지, 가능성이나 추측에 대한 근거인지를 판단한다.

02 unhealthy 건강에 좋지 않은; 불건전한 **03** unlocked (자물쇠로) 잠겨 있지 않은 **04** stay up 깨어 있다 **05** make a noise 소리를 내다; 소란을 피우다 **11** ask for help 도움을 요청하다 **12** drowsy 졸리는(= sleepy) **14** reserve 예약하다 **15** keep an eye on ~을 계속 지켜보다 out of sight 보이지 않는 곳에; (물건 값이) 매우 높은 **16** well-balanced 균형이 잡힌 as much as possible 가능한 한 (많이) **17** compare A with B A를 B와 비교[비유]하다 endure 견디다. 참다(= bear) suffering 고통 achieve 성취하다(= attain) valuable 가치 있는; 소중한 policy 방책; 정책 pain 고통, 통증

14 **A** Do I have to reserve a table for dinner?

   B _____

   ① Sure. You'd better not come now.

   ② No, you ought to reserve the table.

   ③ Yes, you do. We are busy at that time.

   ④ No, you don't have to. Just come and enjoy.

   ⑤ Of course, you have to bring your own wine.

고난도 **15** **A** _____

   B Yes, I know. They get lost easily.

   ① You must not look after your children.

   ② You don't have to leave your children alone.

   ③ You need not watch your children at all times.

   ④ You should keep an eye on your children all the time.

   ⑤ You had better not let your children out of your sight.

16

A	B
You ought to eat a well-balanced diet.	To Live Longer, Eat Better.
You must not use plastic cups in your daily life.	Make More Friends.
You should listen to your class-mates as much as possible.	A Way to Save the Earth

17

A	B
You had better not compare yourself with others.	Honesty is the best policy.
You should not lie.	Be yourself.
You must endure suffering to achieve something valuable.	No Pain, No Gain.

실제 때 판별하기 \ 다음 밑줄 친 부분이 실제로 나타내는 때에 ✔ 표시하세요. [각 3점]

01 <u>Would</u> you give us a ride home?   ☐ 과거   ☐ 현재나 미래

02 He <u>would</u> go fishing on weekends last year.   ☐ 과거   ☐ 현재나 미래

03 <u>Would</u> you show me the way to the movie theater?   ☐ 과거   ☐ 현재나 미래

04 I am free tomorrow. I <u>would</u> like to pick you up.   ☐ 과거   ☐ 현재나 미래

05 My uncle <u>would</u> visit me with gifts in my childhood.   ☐ 과거   ☐ 현재나 미래

06 <u>Would</u> you tell me your kimchi recipe? I really like it.   ☐ 과거   ☐ 현재나 미래

Guide ✔ would가 요청, 제안 외에 과거의 반복된 행동을 가리키는 경우에 주의한다.

해석하기 \ 다음 문장의 밑줄 친 부분을 알맞게 해석하세요. [각 3점]

07 It's very cloudy. <u>It will rain soon.</u>

08 In old times, <u>people used to fight with swords.</u>

09 <u>Would you take care of my baby sister</u> for a while?

10 <u>I'd like to have a cup of tea</u> instead of coffee.

11 She likes meeting people. But <u>she used to be a very shy girl.</u>

12 Katie wears contact lenses. But before, <u>she would wear big glasses.</u>

13 <u>Would you like me to take a picture of you?</u>

14 <u>I'd rather walk alone</u> than take a car with Harry. I don't want to be around him anymore.

고난도 15 <u>You would rather not laugh at his mistake.</u> We all make mistakes in our lives.

Guide ✔ Will[Would] you ~?: 요청, 제안 / would, used to: 과거의 습관, 반복된 행동 / used to: 과거의 상태
would like to-v: ~하고 싶다, ~하는 것이 좋겠다 / Would you like A to-v ~? A가 ~해 드릴까요?
would rather (not): ~하(지 않)는 것이 좋겠다

16 Painkillers are used to <u>relieve</u> pain.

*painkiller 진통제

17 My friend is used to <u>study</u> at night. She is a night person.

18 In school, I used to <u>take</u> a nap after lunch. Now, I play soccer.

고난도 **19** Older people are not used to <u>use</u> online payment systems.

고난도 **20** I lived in Spain for three years. I used to <u>being</u> good at Spanish.

Guide ✓ • used to: ~하곤 했다; 예전에는 ~였다[했다]
• be used to v-ing[명사]: v하는 것[명사]에 익숙하다
• be used to-v: v하는 데 사용되다

조건 영작 | 다음 우리말과 일치하도록 괄호 안의 어구를 활용하여 영작하세요. ([ ] 안에서는 하나만 골라 쓸 것) [각 7점]

21 우리는 오늘 오후에 소풍 갈 거야. <u>우리와 함께 가겠니?</u> (like, with us, come, [will / would], to, you)

→ We are going on a picnic this afternoon. _____

_____ ?

22 <u>나는 매일 아침 강가 주변에서 운동을 하곤 했다.</u> (work out, [used to / be used to], near the river)

→ I _____ every morning.

23 그 돈은 <u>가난한 사람들을 돕는 데 사용될 것이다.</u> ([used to / be used to], help, will, the poor)

→ The money _____ .

24 <u>그녀는 예전에는 긴 머리를 가지고 있었지만</u> 지금은 아주 짧다. (long, have, [used to / would], hair)

→ She _____ , but now it's very short.

고난도 **25** <u>우리는 지금 쉬지 않는 게 좋겠다.</u> 나중에 쉬자. (take a break, [will / would], not, rather)

→ We _____ now. Let's take a break later.

Guide ✓ 우리말 해석을 보고 알맞은 의미의 조동사를 선택하여 문장을 완성한다.

01 give (A) a ride (A를) 태워주다 02 go fishing 낚시하러 가다 04 pick (A) up (A를) 데리러 가다 05 childhood 어린 시절 08 sword 검, 칼 09 for a while 잠시 동안 10 instead of ~ 대신에 11 shy 수줍음이 많은 15 laugh at ~을 비웃다 16 relieve (고통 등을) 완화시키다 18 take a nap 낮잠을 자다 19 payment system 결제 시스템 20 be good at ~을 잘하다, ~에 능숙하다(↔ be poor at ~을 못하다, ~에 서투르다) 21 go on a picnic 소풍 가다 22 work out 운동하다 23 the poor 가난한 사람들 25 take a break 휴식을 취하다

Chapter 03 동사에 의미를 더하는 조동사 **39**

해석하기 다음 문장의 밑줄 친 부분을 알맞게 해석하세요. [각 3점]

01 My laptop is on. <u>Someone must have used it.</u>

02 <u>They should have followed my advice</u> about their project.

03 Jacob has many foreign friends. <u>He could have lived abroad.</u>

04 Lauren has not arrived yet. <u>She may have missed the train.</u>

05 I can't find my blue skirt. <u>My younger sister might have worn it</u> this morning.

06 I was in the library last evening. <u>Tony cannot have seen me</u> at the airport.

Guide ✔ 〈조동사+have p.p.〉가 갖는 각 의미에 주의한다.

실제 때 판별하기 다음 문장의 네모 안에서 문맥상 알맞은 것을 고르세요. [각 3점] ◀ 수능 직결

07 Jimmy is absent today. He might be / have been sick now.

08 I should not drink / have drunk coffee last night. I stayed up all night.

09 Her birthday is coming. We must write / have written a birthday card.

10 Our guests will arrive soon. We should clean / have cleaned the room now.

11 I sent Lynn a gift two weeks ago. She may receive / have received it last week.

Guide ✔ 추측 또는 후회나 유감이 현재나 미래에 대한 것인지 과거에 대한 것인지에 따라 동사 형태가 달라진다.

문맥에 알맞은 조동사 판단하기 다음 밑줄 친 부분이 문맥상 옳으면 ○, 어색하면 ×로 표시하고 바르게 고치세요. [각 4점]
◀ 수능 직결

12 Let's check the weather. The rain <u>might</u> have stopped by now.

13 You <u>should</u> have blamed her for the delay. It was not her fault.

14 James is poor at cooking. He <u>can</u> have made these delicious dishes.

15 A boy was crying alone on the street. He <u>could</u> have lost his mom.

16 My child couldn't find her book. She <u>shouldn't</u> have written her name on it.

상황에 맞는 표현 고르기 다음 주어진 상황에서 할 수 있는 말로 가장 적절한 것을 고르세요. [각 5점]

17 She traveled around Europe last year.

ⓐ She may have been to England.

ⓑ She cannot have enjoyed the festival in Germany.

18 I didn't pass the exams because my grades were not good.

ⓐ I cannot have made mistakes on the exams.

ⓑ I should have studied harder.

19 He is wearing a cast on his left leg.

*wear a cast 깁스를 하다

ⓐ He must have been very cautious.

ⓑ He might have fallen down the stairs.

20 I bumped into Angela and she looked different.

ⓐ She could have lost some weight.

ⓑ She cannot have changed her hair style.

21 The ground is wet and full of large puddles.

*puddle 물웅덩이

ⓐ It must have rained last night.

ⓑ It might have been sunny yesterday.

조건 영작 다음 우리말과 일치하도록 괄호 안의 어구를 활용하여 영작하세요. (필요하면 어형 변화 및 단어 추가 가능)

22 레이첼은 나에게 화가 나 있다. 나는 그녀의 비밀을 다른 사람들에게 말하지 말았어야 했다. [7점]

(her secret, shouldn't, I, tell)

→ Rachel is angry at me. _____ to others.

고난도 23 그가 수업에 관심을 기울였을 리가 없다. 그는 수업 중에 졸았다. [7점]

(in class, pay, can, he, attention)

→ _____. He dozed off in class.

고난도 24 나는 룸메이트로부터 이 감기를 옮았음이 틀림없다. 그녀는 밤새 기침을 하고 있었다. [8점]

(from, must, this cold, catch, I, my roommate)

→ _____.

She was coughing all night.

---

02 follow (충고 · 지시 등을) 따르다; (~의 뒤를) 따라가다 **03** foreign 외국의 abroad 해외에(서); 널리 퍼져 **07** absent 결석한; 멍한 **13** blame A for B A를 B의 이유로 비난하다[탓하다] fault 잘못; 단점 **18** grade 성적; 학년; 품질; 등급(을 매기다) **19** cautious 조심스러운 fall down (계단 등을) 굴러 떨어지다 **20** bump[run] into (우연히) 마주치다 **23** pay attention 관심[주의]을 기울이다 doze off 졸다, 잠이 들다 **24** catch a cold 감기가 들다 cough 기침하다

CHAPTER

04

주어와 동사의 관계를
보여주는 태

주어가 동작을 받는 표현, be p.p.

수동태 형태 익히기 다음 예와 같이 주어진 동사를 활용하여 주어와 동사의 시제에 따른 수동태를 쓰세요. [빈칸 당 1점]

01

	현재시제	과거시제
tell	A sad story *is told* by her.	A sad story *was told* by her.
teach	I _____ by an English teacher.	I _____ by an English teacher.
bring	The cake _____ by her friends.	The cake _____ by her friends.
follow	I _____ by the dog.	I _____ by the dog.
build	The snowmen _____ by Anna.	The snowmen _____ by Anna.
write	These poems _____ in easy English.	These poems _____ in easy English.
throw	The ball _____ by the pitcher.	The ball _____ by the pitcher.
eat	The hamburgers _____ by them.	The hamburgers _____ by them.
bite	My son _____ by a mosquito.	My son _____ by a mosquito.
cut	My hair _____ by a hairdresser.	My hair _____ by a hairdresser.
catch	The thieves _____ by the police.	The thieves _____ by the police.
hold	The festival _____ on weekends.	The festival _____ on weekends.
sell	The product _____ by the company.	The product _____ by the company.
read	The books _____ by the students.	The books _____ by the students.
make	The sound _____ by frogs.	The sound _____ by frogs.
hit	My friend _____ by a ball.	My friend _____ by a ball.

Guide ✔ 수동태를 이루는 be동사는 시제와 주어의 수, 인칭에 따라 알맞은 형태를 쓰고, p.p.는 불규칙동사에 주의해야 한다.

01 poem 시(詩) *cf.* poet 시인 pitcher 투수; 주전자 mosquito 모기 thief ((복수형 thieves)) 도둑

02 The newspaper is delivered every morning.

03 The ants ate the cookie on the floor.

04 The music was played very loud.

05 Many adults read Webtoons these days.

고난도 **06** The swimming pool was cleaned daily and looked great.

Guide ✔ 능동태는 '~하다'로 해석하고 수동태는 '~되다, 당하다, 받다' 등으로 해석한다.

알맞은 태 고르기 \ 다음 문장의 네모 안에서 어법상 알맞은 것을 고르세요. [각 5점] 수능 직결

07 The big fish | caught / was caught | easily.

08 Ted | finished / was finished | law school last year.

09 The university | holds / is held | the speech contest every year.

10 80% of the world's almonds | harvest / are harvested | in California.

Guide ✔ 주어가 동작을 하는 것이면 능동태, 동작을 받거나 당하는 것이면 수동태여야 한다.

문장 전환 \ 다음 문장을 주어진 단어로 시작하는 수동태 문장으로 바꿔 쓰세요. 내신 직결

11 Shakespeare wrote *Hamlet* in 1601. [7점]

→ *Hamlet* _____ in 1601.

12 Edison invented the light bulb in 1879. [7점]

*light bulb 백열전구

→ The light bulb _____ in 1879.

13 The company exports many kinds of items every month. [8점]

→ Many kinds of items _____ every month.

고난도 **14** The gardener cuts the grass in the garden once a week. [8점]

→ The grass in the garden _____ once a week.

Guide ✔ • 수동태를 이루는 be동사는 능동태 문장의 시제, 수동태 문장의 주어의 수와 인칭에 알맞은 것으로 쓴다.
• 불규칙 변화형 동사의 과거분사(p.p.) 형태에 주의한다.

02 deliver 배달하다; (강연을) 하다 06 daily 매일(의), 날마다 07 easily 쉽게, 수월하게 08 law school 로스쿨 ((법과 대학원)) 09 speech contest 말하기 대회 10 harvest 수확(하다) 12 invent 발명하다 *cf.* invention 발명 13 export 수출(하다)(↔ import 수입(하다)) 14 gardener 정원사 *cf.* garden 정원, 뜰

시제 형태에 주의할 수동태

정답 및 해설 p.15

수동태 형태 익히기 \ 다음 예와 같이 주어진 동사를 활용하여 주어와 동사의 시제에 따른 수동태를 쓰세요. [빈칸 당 1점]

01

	미래시제(will)	현재진행
see	The fireworks _will be seen_ over the river.	The fireworks _are being seen_ over the river.
buy	The watermelon _____ from the market.	The watermelon _____ from the market.
break	The windows _____ by strong winds.	The windows _____ by strong winds.
choose	The city _____ as the world's best city.	The city _____ as the world's best city.
send	The package _____ to you.	The package _____ to you.
find	The important clues _____ by the police.	The important clues _____ by the police.
found	A new school _____ by the mayor.	A new school _____ by the mayor.
spread	The rumor _____ by people.	The rumor _____ by people.
leave	A lot of his money _____ to his family.	A lot of his money _____ to his family.
steal	The gold ring _____ by the thief.	The gold ring _____ by the thief.
take	Our wedding photos _____ by the photographer.	Our wedding photos _____ by the photographer.
tear	The newspapers _____ by the cat.	The newspapers _____ by the cat.
give	A discount coupon _____ by our shop.	A discount coupon _____ by our shop.

01 firework 불꽃놀이, 폭죽 package 소포, 꾸러미 clue 단서, 실마리 mayor 시장, 군수 rumor 소문(이 돌다) photographer 사진작가 discount 할인(하다)

과거진행	현재완료
The fireworks _were being seen_ over the river.	The fireworks _have been seen_ over the river.
The watermelon _____ from the market.	The watermelon _____ from the market.
The windows _____ by strong winds.	The windows _____ by strong winds.
The city _____ as the world's best city.	The city _____ as the world's best city.
The package _____ to you.	The package _____ to you.
The important clues _____ by the police.	The important clues _____ by the police.
A new school _____ by the mayor.	A new school _____ by the mayor.
The rumor _____ by people.	The rumor _____ by people.
A lot of his money _____ to his family.	A lot of his money _____ to his family.
The gold ring _____ by the thief.	The gold ring _____ by the thief.
Our wedding photos _____ by the photographer.	Our wedding photos _____ by the photographer.
The newspapers _____ by the cat.	The newspapers _____ by the cat.
A discount coupon _____ by our shop.	A discount coupon _____ by our shop.

Guide ✔ • 수동태를 이루는 조동사 be, have는 시제와 주어의 수, 인칭에 따라 알맞은 형태를 쓴다.
　　　 • p.p.는 불규칙동사에 주의해야 한다.

02 The full moon can see / be seen tonight.

03 These letters have sent / been sent by my son.

04 You must clean / be cleaned your room by today.

05 The math test was taking / being taken this morning.

06 The pictures have painted / been painted on the walls.

07 The government isn't handling / being handled the issue.

08 You will find / be found the building easily with this map.

09 The north wing of the palace will repair / be repaired this month.

고난도 **10** The auction has held / been held yearly in Miami since 2012.   *auction 경매

고난도 **11** The director is checking / being checked the details by himself.

Guide ✔ 주어가 동작을 하는 것이면 능동태, 동작을 받거나 당하는 것이면 수동태여야 한다.

---

12 달력 판매 기금은 동물 보호소에 기부될 것이다. (will, donate) [4점]

→ Funds from the calendar sale _____ to animal shelters.

13 교실 안에서 학생들이 수업을 받고 있었다. (be, take) [4점]

→ Students _____ the lesson in the classroom.

14 식품은 냉동고에서 오래 보관될 수 있다. (can, store) [4점]

→ Food _____ for a long time in the freezer.

고난도 **15** 애플파이는 우리 할머니에 의해 아직 만들어지지 않았다. (have, make, not) [5점]

→ The apple pie _____ yet by my grandmother.

고난도 **16** 그 뉴스는 TV 방송국에 의해 전 세계에 보도되고 있다. (be, report) [5점]

→ The news _____ by TV stations around the world.

---

02 full moon 보름달 07 government 정부; 통치 *cf.* govern 통치하다[다스리다] handle 다루다; 손잡이 issue 문제, 주제; (정기 간행물의) 호(號) 09 north 북쪽(의) wing 부속 건물, 동(棟); 날개 repair 보수[수리]하다 10 yearly 매년, 해마다 11 director 감독, 책임자 detail 세부 사항 by oneself 직접; 혼자 12 donate 기부[기증] 하다 fund 기금, 자금 shelter (동물) 보호소; 쉼터 16 report 보도하다, 알리다 TV station TV 방송국

UNIT 17 주의해야 할 수동태

수동태 쓰기 다음 우리말과 일치하도록 괄호 안의 어구를 활용하여 영작하세요. (필요하면 어형 변화 및 단어 추가 가능) [각 10점]

01 소풍이 우리 학교에 의해 미뤄졌다. (put off)

→ The picnic _____ our school.

02 우리 개는 모건 박사님에 의해 돌봐질 것이다. (look after, will)

→ My dog _____ Dr. Morgan.

고난도 03 그 쌍둥이는 조부모님에 의해 양육되어 왔다. (bring up, have)

→ The twins _____ their grandparents.

Guide 구를 이루는 동사는 수동태에서도 하나의 덩어리로 표현된다.

해석하기 다음 문장을 수동태 표현에 주의하여 알맞게 해석하세요. [각 10점]

04 He was run over by a bike at the intersection.

→ 그는 교차로에서 _____ .

05 His success story is known to people all over the world.

→ 그의 성공 이야기는 _____ .

고난도 06 It is said that aging is related to calories consumed.

→ 노화는 섭취된 칼로리와 _____ .

Guide 수동태는 '~되다, 당하다, 받다' 등으로 해석하는데, 시제를 함께 고려하자.

알맞은 전치사 고르기 다음 문장의 네모 안에서 어법상 알맞은 것을 고르세요. [각 10점] **수능 직결**

07 Junsu will be pleased with / of his test results.

08 She is engaged to / in finding a cure for cancer.

09 Many children are scared from / of the darkness.

고난도 10 The man is known by / for his friend.

Guide by 이외의 전치사를 쓰는 수동태 표현을 알아두자.

---

03 twin 쌍둥이 **04** intersection 교차로 **05** success 성공, 성취 *cf.* succeed 성공하다 **06** aging 노화 consume 섭취하다; 소비하다 **08** cure 치료(법); 치료하다 cancer 암 **09** darkness 어둠, 암흑

해석하기 **다음 문장의 밑줄 친 부분을 알맞게 해석하세요.** [각 8점]

01 You will be sent an e-mail with a file.

→ 당신은 파일 하나가 첨부된 _____.

02 My daughter was offered a full scholarship by the university.

→ 내 딸이 대학에서 _____.

03 I am being paid $10 per hour at my part-time job.

→ 나는 아르바이트에서 _____.

04 They are going to be told the information by Jerry.

→ 그들은 제리에 의해 _____.

05 A box of chocolate has been ordered for me by my boyfriend.

→ 초콜릿 한 상자가 내 남자친구에 의해 _____.

Guide ✔ 수동태는 '~되다, 당하다, 받다' 등으로 해석한다. 시제와 수동태 뒤에 남은 목적어에 주의한다.

조건 영작 **다음 우리말과 일치하도록 괄호 안의 어구를 활용하여 영작하세요. (필요하면 어형 변화 및 단어 추가 가능)** [각 12점]

내신 직결

06 내 아들에 의해 야구공이 내게 던져졌다. (me, throw, to)

→ The baseball _____ by my son.

07 나는 부모님에 의해 정직과 근면을 배웠다. (honesty and diligence, teach)

→ I _____ by my parents.

08 여러 메시지가 내 친구들에 의해 내게 남겨졌다. (have, me, for, leave)

→ Several messages _____ by my friends.

09 채식주의자들을 위해 채소 스튜가 요리사에 의해 요리될 것이다. (for, cook, will, the vegetarians)

→ A vegetable stew _____ by the chef.

고난도 **10** 학생들은 한국사에 관한 수업을 받는 중이다. (lesson, give, be)

→ Students _____ about Korean history.

Guide ✔ 목적어가 두 개 있는 문장을 수동태로 표현하면 두 개의 목적어 중 하나가 주어가 되고, p.p. 뒤에는 나머지 목적어를 그대로 남기거나 〈전치사＋목적어〉의 형태로 바꿔 쓴다.

02 full scholarship 전액 장학금   **03** per ～당[마다]   **05** order 주문(하다); 명령(하다); 순서; 질서   **07** honesty 정직 diligence 근면   **08** several 여러, 몇몇의
09 vegetarian 채식주의자 chef 요리사; 주방장

주어+be p.p.+명사/형용사 보어

해석하기 다음 문장의 밑줄 친 부분을 알맞게 해석하세요. [각 8점]

01 Traffic signs <u>should be made simple</u>.

→ 도로 표지판은 _____.

02 Maldives <u>is called 'paradise'</u> by tourists.

→ 몰디브는 관광객들에 의해 _____.

03 The virus <u>has been considered dangerous</u> to humans.

→ 그 바이러스는 인간에게 _____.

04 Mr. Smith <u>will be appointed president of the company</u> next year.

→ 스미스 씨는 내년에 _____.

05 The kitchen <u>was left dirty</u> with mud.

→ 주방은 진흙으로 _____.

> **Guide** ✔ 수동태는 '~되다, 당하다, 받다' 등으로 해석한다. 수동태 뒤에 남은 보어에 주의한다.

조건 영작 다음 우리말과 일치하도록 괄호 안의 어구를 활용하여 영작하세요. (필요하면 어형 변화 및 단어 하나 추가 가능) [각 12점]

내신 직결

06 회사의 결정은 직원들에 의해 부당하다고 느껴졌다. (unfair, feel)

→ The company's decision _____ by employees.

07 실종된 아이는 공원에서 무사한 상태로 발견되었다. (find, safe)

→ The missing child _____ at the park.

08 제이슨은 이번 연도에 우리의 리더로 선출되었다. (our leader, elect)

→ Jason _____ this year.

09 너무 많은 당은 건강에 해롭다고 여겨진다. (believe, harmful)

→ Too much sugar_____ for health.

10 그는 이번 시즌 최우수 선수로 지명될 것이다. (name, Most Valuable Player, will)

→ He _____ of this season.

> **Guide** ✔ 〈주어+동사+목적어+보어〉 문장을 수동태로 표현할 때, 목적어가 수동태의 주어가 되고 보어는 p.p. 뒤에 그대로 남는다.

---

01 traffic sign 도로[교통] 표지판 **02** paradise 천국 tourist 관광객 **04** appoint O C O를 C로 임명[지명]하다 **05** leave O C O를 C인 상태로 두다 mud 진흙 **06** unfair 부당한, 공정치 못한(↔ fair 공정한) decision 결정 employee 직원, 고용인(↔ employer 고용주, 사업자) **07** missing 실종된, 없어진 **08** elect O C O를 C로 선출하다 cf. election 선거 **09** harmful 해로운, 유해한 **10** Most Valuable Player(MVP) 최우수 선수

P A R T

동사의 또 다른 활용, 준동사

CHAPTER

05

명사 역할을 하는
to-v, v-ing

UNIT 20 주어로 쓰이는 to-v와 v-ing

주어 찾아 해석하기 〈보기〉와 같이 to-v나 v-ing가 이끄는 주어 부분에 밑줄 긋고 밑줄 친 부분을 해석하세요. [각 4점]

> 〈보기〉 <u>Walking fast</u> is a good way to exercise. → 빨리 걷는 것은

01 Chewing gum can improve your memory.

→

02 It is impolite to be late for an appointment.

→

03 Biting your fingernails can harm your teeth.

→

04 It is not good for the elderly to feel lonely.

→

05 Not getting up on time is a bad habit.

*on time 제시간에

→

06 Spending time wisely is the key to success.

→

07 To know oneself well is difficult but important.

→

08 It's meaningful to get in touch with old friends.

*get in touch with ~와 연락하고 지내다

→

09 Not ignoring the truth sometimes requires a lot of courage.

→

고난도 10 It's better not to use difficult words in your writing.

→

Guide ✔ 문장에서 주어 역할을 하는 to-v/v-ing구는 'v하는 것은, v하기는'으로 해석된다. 대부분 문장의 동사 앞까지가 주어 부분이지만, 〈주어＋부사＋동사〉의 구조에서 부사가 동사를 수식하는 경우는 부사 앞까지가 주어 부분이 된다.

---

01 chew (음식을) 씹다 improve 향상시키다, 개선하다 **02** impolite 무례한 appointment 약속 *cf.* appoint 약속하다; 임명하다 **03** bite 물어뜯다, 물다 harm 손상시키다; 피해 **04** the elderly 노인들 **06** wisely 현명하게 **09** ignore 모르는 체하다, 무시하다 courage 용기

11 레스토랑에서 팁을 남기는 것은 / 미국의 관습이다. (at a restaurant, a tip, leave)

→ _____ / is an American custom.

12 가능하니 / 한 시간 만에 네 숙제를 끝내는 것이? (your homework, finish)

→ Is it possible / _____ in an hour?

13 젓가락을 사용하는 것은 / 유아들에게 쉽지 않다. (chopsticks, easy, be, use)　　　　*toddler 유아

→ _____ / _____ for toddlers.

14 중요하다 / 여러분의 꿈을 포기하지 않는 것이. (your dreams, give up on)

→ It is important / _____ .

고난도 **15** 야생 동물을 만지는 것은 / 위험할 수 있다. (can, wild animals, touch, dangerous)

→ _____ / _____ .

> Guide ✔ ・주어 부분을 이끄는 to-v/v-ing구에 포함되는 어구와 동사 이후 부분에 해당하는 어구를 잘 구분하여 영작하여야 한다.
> ・v-ing구는 몇몇 관용표현을 제외하고는 가주어-진주어 구문으로 쓰지 않음을 주의한다.

〈it ... for A to-v〉 구문 활용하기 ＼ **다음 문장을 〈보기〉와 같이 〈It ... for A to-v〉 형태로 바꿔 쓰세요.** [각 7점] ◀내신 직결

> 〈보기〉 She can't come. → It's impossible *for her to come.*

16 He's not usually absent from school.

→ It's unusual _____ .

17 John should go to Australia.

→ It's a good idea _____ .

18 You had better not trust a complete stranger.

→ It is advisable _____ .

고난도 **19** We feel difficulty in getting along with her.

→ It's not easy _____ .

고난도 **20** I shouldn't drink more than 3 cups of coffee a day.

→ It's good _____ .

> Guide ✔ ・문장의 주어는 for A 형태로 to-v의 의미상의 주어가 된다.
> ・내용에 따라 to-v 앞에 부정어 not[never]을 두어야 하는 경우도 있다.

11 custom 관습, 문화　13 chopsticks 젓가락　16 absent from ~에 결석한　unusual 드문(= uncommon)　18 complete 완전한; 완성된; 완료하다　advisable 바람직한; 타당한　19 feel difficulty in v-ing v하는 데에 어려움을 느끼다　get along with ~와 잘 지내다

목적어로 쓰이는 to-v와 v-ing I

〈보기〉와 같이 to-v나 v-ing가 이끄는 목적어 부분에 밑줄 긋고 밑줄 친 부분을 해석하세요. [각 10점]

〈보기〉 I don't want to go outside on rainy days. → 비 오는 날에 밖에 나가는 것을

01 She never puts off finishing her homework.

→

02 Stephen expects to live in Paris someday.

→

03 Would you mind changing seats with me?

→

04 Avoid traveling during the holidays.

→

05 My sister decided not to become an entertainer.

*entertainer 연예인

→

Guide ✔ 동사의 목적어로 쓰인 to-v: v할 것을 / 동사의 목적어로 쓰인 v-ing: v하는 것을, v한 것을

조건 영작 ✔ 다음 우리말과 일치하도록 괄호 안의 어구를 활용하여 영작하세요. (필요하면 단어 추가 및 어형 변화 가능) [각 10점]

내신 직결

06 그 학생회장은 열심히 연습 중이다 / 연설을 하는 것을. (an address, deliver)

→ The school president is practicing hard / _____ .

07 그 두 민족은 동의했다 / 그 불행한 전쟁을 끝낼 것을. (the unfortunate war, end)

→ The two ethnic groups agreed / _____ .

08 조슈아는 인정했다 / 실수로 창문을 깬 것을. (the window, by mistake, break)

→ Joshua admitted / _____ .

고난도 **09** 우리는 바란다 / 자연재해에 직면하지 않기를. (face, natural disasters)

→ We hope / _____ .

고난도 **10** 그녀는 확신한다 / 그 새 일자리를 얻을 것을. (the new job, get, of)

→ She is sure / _____ .

Guide ✔ 목적어로 to-v만 쓸 수 있는 동사와 v-ing만 쓸 수 있는 동사를 구분하여 알아두자. 전치사의 목적어로는 v-ing만 가능하다.

06 deliver an address 연설[강연]을 하다 school president 학생회장 **07** unfortunate 불행한(↔ fortunate 행운의) ethnic 민족의 **08** by mistake 실수로; 우연히 **09** natural disaster 자연재해 **10** be sure of ~을 확신하다

목적어 찾아 해석하기 〈보기〉와 같이 to-v나 v-ing가 이끄는 목적어 부분에 밑줄 긋고 밑줄 친 부분을 해석하세요. [각 4점]

〈보기〉 Lisa hates to make presentations. → 발표하는 것을

01 Peter likes to finish his work by himself.

*by oneself 스스로; 혼자

→

02 The writer recently started to write a film script.

→

03 My son loves having milk and cookies.

→

04 My sister and I prefer traveling alone on vacation.

→

05 Despite the heavy rain, the mountaineer continued to climb the mountain.

*mountaineer 등산가, 산악인

→

Guide ✔ '좋아하다, 싫어하다, 시작하다' 등을 의미하는 동사의 목적어로 쓰인 to-v와 v-ing구는 'v하는 것을, v하기를'로 해석한다.

동사와 목적어 묶어 해석하기 다음 문장의 밑줄 친 부분을 알맞게 해석하세요. [각 4점]

06 Jin will begin working in the movie company in July.

→

07 Cherry blossoms started blooming in late March last year.

→

08 He continued playing basketball with his friends until night.

→

고난도 **09** I remembered to buy coffee on the way to work in the morning.

*on the way to work 출근길에

→

고난도 **10** My father forgot to turn off the TV in the living room.

→

Guide ✔ 목적어로 to-v를 취할 때와 v-ing를 취할 때 의미 차이가 있는 동사인지 아닌지에 주의하여 해석한다.

02 script 대본 **05** despite ~에도 불구하고(= in spite of) **07** cherry blossom ((주로 복수형)) 벚꽃 bloom 꽃(이 피다)(= flower) **10** turn off ~을 끄다(↔ turn on ~을 켜다)

11 We began to understand / understanding Spanish little by little.

12 **A** What will happen if I fail the test?

  B Stop to think / thinking negatively and look on the bright side.

13 **A** I will never forget to hear / hearing his speech about human rights.

  B Right. It was very impressive.

14 My mom likes to watch / watching dramas at night.

고난도 **15** **A** This pie tastes sweeter than usual.

  B I didn't have sugar, so I tried to use / using honey, instead.

Guide ✔ 문맥을 통해 to-v와 v-ing 중 동사의 목적어로 알맞은 형태를 판단한다.

16 나는 역사 수업에서 조선 왕조에 관해 공부한 것을 기억한다.

(about the Joseon Dynasty, remember, learn)   *Joseon Dynasty 조선 왕조

→ I _____ in history class.

고난도 **17** **A** 셔츠에 커피 얼룩이 있어요.

  B 식초로 그것을 없애려고 노력했지만, 소용없었어요. (try, it, remove)

  → **A** You have a coffee stain on your shirt.

    B I _____ with vinegar, but it didn't work.

18 나는 어젯밤 알람을 맞추는 것을 잊어버렸고, 그래서 늦게 일어났다. (my alarm, forget, set)

→ I _____ last night, and I woke up late.

19 그녀는 길에서 아버지에게 전화하기 위해 멈췄다. (call, stop, her father)

→ She _____ on the street.

고난도 **20** **A** 해리와 톰은 친하지 않니?

  B 그들은 서로와 말하는 것을 그만뒀어. 말다툼을 했거든. (to each other, stop, talk)

  → **A** Isn't Harry close with Tom?

    B They _____. They had a fight.

Guide ✔ 동사를 알맞은 시제로 바꾸어 쓰고, 목적어를 알맞은 형태로 이어서 쓴다.

11 little by little 조금씩, 천천히 **12** look on the bright side 긍정적으로 생각하다 **13** speech 연설 human right 인권 impressive 인상 깊은, 인상적인 **15** than usual 평소[여느 때]보다 **17** remove 없애다, 제거하다 stain 얼룩 vinegar 식초 **20** close 친(밀)한; 가까운 fight (말)다툼(= argument); 싸우다

UNIT 2 3 주어를 보충 설명하는 to-v와 v-ing

해석하기 | 다음 문장의 밑줄 친 부분을 알맞게 해석하세요. [각 8점]

01 His wish is to run in the World Cup.

→

02 My favorite activity is reading detective stories.

→

*detective story 탐정 소설

03 Our family motto is to live honestly and bravely.

→

*family motto 가훈

04 My mom is baking an apple pie for my birthday.

→

05 His aim this year was to lose weight with regular exercise.

→

> **Guide**
> • 주어를 보충 설명하는 to-v/v-ing(동명사): v하는 것 (S = to-v/v-ing)
> • be v-ing(진행형): v하고 있다, v하는 중이다 (S ≠ v-ing)

조건 영작 | 다음 우리말과 일치하도록 괄호 안의 어구를 활용하여 영작하세요. (필요하면 단어 추가 및 어형 변화 가능) [각 12점]

내신 직결

06 메리의 직업은 비행기를 수리하는 일이다. (airplanes, repair)

→ Mary's job _____.

07 나는 TV로 다큐멘터리 프로그램을 보는 중이었다. (a documentary show, watch)

→ I _____ on TV.

08 진정한 우정이란 서로에게 진실을 말하는 것이다. (the truth, tell, true friendship)

→ _____ to each other.

09 그의 사촌은 무대에서 강연하는 중이다. (a lecture, his cousin, give)

→ _____ on the stage.

고난도 **10** 면접의 첫 번째 규칙은 면접관들과 시선 마주치는 것이다. (your interviewers, make, with, eye contact)

→ The first rule of an interview _____.

> **Guide**
> 주어를 보충 설명하는 자리에 to-v와 v-ing(동명사)가 올 수 있다. 같은 형태의 v-ing는 동사의 진행형에 쓰일 수도 있다.

---

02 activity 활동; 움직임 **05** aim 목표(하다) regular 규칙적인, 정기적인 **06** repair 수리[보수](하다) **08** friendship 우정, 교우 관계 **09** give a lecture 강연하다 *cf.* lecture 강연, 강의 **10** interviewer 면접관 *cf.* interview 면접, 인터뷰 *cf.* interviewee 면접 받는 사람

해석하기 \ 다음 문장의 밑줄 친 부분을 알맞게 해석하세요. [각 10점]

01 My mom taught me how to make curry and rice.

→

02 I can't decide which to eat for lunch. Everything looks delicious.

→

03 We haven't chosen where to go for this summer vacation.

→

04 The director will tell us when to start our performance.

*performance 공연

→

05 The clerk advised me what to buy for my grandmother.

→

Guide ✔ 문장의 주어, 목적어, 보어로 사용된 〈의문사+to-v〉는 보통 '(의문사) v해야 할지'로 해석한다.

조건 영작 \ 다음 우리말과 일치하도록 괄호 안의 어구를 활용하여 영작하세요. (필요하면 단어 추가 가능, 〈의문사+to-v〉를 포함할 것)

[각 10점] 내신 직결

06 학생들은 어떻게 스트레스에 대처해야 할지를 배워야 한다. (stress, deal with, how)

→ Students must learn _____.

07 그 농부는 나에게 언제 씨앗을 심어야 할지 알려줬다. (the seeds, when, plant)

→ The farmer told me _____.

08 그가 너무 슬퍼 보였지만, 나는 그에게 무엇을 말해야 할지를 몰랐다. (to, say, what, him)

→ He looked so sad, but I didn't know _____.

09 노부인의 질문은 어디서 기차를 탈 수 있는지였다. (the train, where, take)

→ An old lady's question was _____.

고난도 **10** 그 비서가 첫째 날 누구를 만나야 할지를 설명할 것이다. (on, meet, the first day, whom)

→ The secretary will explain _____.

Guide ✔ 의문사 뒤에 to를 먼저 쓰고 적절한 v를 추가한 후, 나머지를 배열한다.

---

04 director 감독 **05** clerk 점원 advise IO DO IO에게 DO를 조언하다 *cf.* advice 조언, 충고 **06** deal with 대처하다, 다루다 **07** seed 씨앗 plant 심다; 식물; 공장 **10** secretary 비서 explain O O를 설명하다

CHAPTER

0 6

명사를 수식하는
to-v, v-ing, p.p.

의미 묶음 이해하기   다음 밑줄 친 부분을 해석하고, 밑줄 친 부분이 주어(S), 목적어(O), 보어(C) 중 어느 것인지 ✔ 표시하세요.

[각 6점]

01   This is <u>the movie to watch tonight</u>.

→   ☐ S   ☐ O   ☐ C

02   <u>The blanket to cover his bed</u> is brown.

→   ☐ S   ☐ O   ☐ C

03   I prepared <u>some safety guidelines to tell the guests</u>.   *safety guideline 안전 지침

→   ☐ S   ☐ O   ☐ C

04   <u>Items to buy at the market</u> were written on the memo.

→   ☐ S   ☐ O   ☐ C

05   Sam had <u>many friends to help him</u> with the election.

→   ☐ S   ☐ O   ☐ C

Guide ✔ to-v가 명사를 뒤에서 수식할 때 〈명사+to-v〉를 한 덩어리로 보고 주어, 목적어, 보어를 판단하며, 'v하는 ~, v할 ~'로 해석한다.

의미 관계 판별하기   〈보기〉와 같이 밑줄 친 부분을 해석하고 명사와 이를 수식하는 to-v의 의미 관계에 ✔ 표시하세요. [각 6점]

〈보기〉   Here are some flowers to make the room colorful. (← some flowers^S make^V the room colorful)

→ 방을 다채롭게 만들 꽃들   ☑ 주어+동사   ☐ 목적어+타동사

06   My grandma made me <u>orange juice to drink</u>.

→   ☐ 주어+동사   ☐ 목적어+타동사

07   They are <u>the judges to evaluate the participants</u>.

→   ☐ 주어+동사   ☐ 목적어+타동사

08   She got <u>two concert tickets to give to her parents</u>.

→   ☐ 주어+동사   ☐ 목적어+타동사

09   <u>The magazines to read during the flight</u> are in the seat pocket.

→   ☐ 주어+동사   ☐ 목적어+타동사

고난도 **10**   He brought them <u>some candles to light the dark room</u>.

→   ☐ 주어+동사   ☐ 목적어+타동사

Guide ✔ 〈명사+to-v〉에서 명사와 to-v의 v는 대개 〈주어+동사〉 또는 〈목적어+타동사〉의 의미 관계이며, 'v하는 ~, v할 ~'로 해석한다.

11 My brother lent me a brush to paint.

12 She has two dogs and three cats to take care.

13 His job offer was something to think about carefully.

14 In this gallery, there are famous works of art to look at.

15 It is raining outside. But I don't have a raincoat to put.

Guide ✓ 〈명사+to-v〉 구조를 〈v+명사〉의 구조로 바꿔서 v 뒤에 전치사가 필요한지 판단해보자.

16 학생들은 소풍에 먹을 음식을 가져왔다. (to eat, food, brought)

→ The students _____ on the picnic.

17 나의 가족은 평생 회상할 소중한 추억들이 있다. (to recall, memories, precious)

→ My family has _____ forever.

18 나는 내 여동생에게 여행 동안 쓸 카메라 한 대를 빌려주었다. (to use, my sister, a camera)

→ I lent _____ during her trip.

19 가게에서 구입할 모든 것을 기억할 수 있나요? (all the things, to buy, remember)

→ Can you _____ at the store?

고난도 **20** 우리는 밧줄을 자를 날카로운 어떤 것이 필요하다. (something, to cut, sharp)

→ We need _____ the ropes.

Guide ✓ 명사를 수식하는 to-v는 명사 뒤에 와야 한다. 일반 형용사와 to-v가 함께 명사를 수식할 때는 〈명사+형용사+to-v〉의 순서가 된다.

02 blanket 담요 03 prepare 준비[대비]하다 05 election 선거, 선출 07 judge 심사위원; 심사[심판]하다 evaluate 평가하다 participant 참가자 09 magazine 잡지 10 bring(-brought-brought) 가져다주다; 가져오다 light 밝혀 주다; 빛; 밝은 13 offer 제안[제공](하다) 15 raincoat 우비 17 recall 회상(하다), 기억해내다 precious 소중한, 귀중한 20 sharp 날카로운, 뾰족한 rope 밧줄, 로프

Chapter 06 명사를 수식하는 to-v, v-ing, p.p. **63**

의미 묶음 이해하기 \ 다음 밑줄 친 부분을 해석하고, 밑줄 친 부분이 주어(S), 목적어(O), 보어(C) 중 어느 것인지 ✔ 표시하세요.
[각 4점]

01 The handbag left on the table belongs to me.

→   ☐ S   ☐ O   ☐ C

02 This is a mystery novel written by a famous author.   *mystery novel 추리 소설 **author 작가

→   ☐ S   ☐ O   ☐ C

03 You should not approach a moving bus. It's dangerous.

→   ☐ S   ☐ O   ☐ C

04 Students applying for this program must take a French test.

→   ☐ S   ☐ O   ☐ C

고난도 **05** Many people consider the island a beautiful location attracting tourists.

→   ☐ S   ☐ O   ☐ C

Guide ✔ 명사 앞뒤에 그 명사를 수식하는 v-ing/p.p.가 왔을 때 명사와 v-ing/p.p.를 한 덩어리로 보고 주어, 목적어, 보어를 판단한다.

분사구 묶기 \ 〈보기〉와 같이 밑줄 친 명사를 수식하는 분사와 딸린 어구를 찾아 (   )로 묶고, 문장 전체를 해석하세요. [각 4점]

〈보기〉 I know a boy (called James). → 나는 제임스라고 불리는 한 소년을 알고 있다.

06 We have a good leader guiding our team.

→

07 The proof found in the car helped the police.

→

08 The children playing in the snow all look very happy.

→

09 Firefighters finally rescued the people surrounded by the fire.   *rescue 구조[구출]하다

→

고난도 **10** John became a researcher developing new products in the laboratory.

→

Guide ✔ • 현재분사(v-ing)와 과거분사(p.p.)는 뒤에 목적어나 보어 또는 부사(구)를 이끌어서 하나의 구를 이룰 수 있다.
• v-ing: v하는, v하고 있는 / p.p.: v된, v당한; v한 (상태인)

\ 괄호 안에 주어진 단어를 알맞은 분사 형태로 쓰세요. [각 5점] 내신 직결

11 The child (carry) _____ a red umbrella is my cousin.

12 I had a hamburger and some (fry) _____ squid for lunch. *squid 오징어

13 The event (introduce) _____ a new service is being held.

14 I know that woman (walk) _____ down the street. She is my aunt.

15 The teacher handed out the (check) _____ test papers to the students.

> **Guide** ✔ 수식받는 명사와 분사의 관계가 능동·진행이면 v-ing, 수동·완료이면 p.p. 형태로 쓴다.

분사구의 위치 찾기 \ 다음 괄호 안에 주어진 어구가 들어갈 곳으로 문맥상 가장 적절한 곳을 고르세요. [각 5점]

16 The professor reviewed their essays in advance. (interviewing students)
    ∧   ∧   ∧   ∧   ∧
    ①   ②   ③   ④   ⑤

고난도 **17** The company keeps the contract as evidence. (signed by each customer)
    ∧   ∧   ∧   ∧   ∧
    ①   ②   ③   ④   ⑤

> **Guide** ✔ 문맥상 주어진 어구가 어떤 명사(구)를 수식해야 자연스러운지 판단한다.

조건 영작 \ 다음 우리말과 일치하도록 괄호 안의 어구를 활용하여 영작하세요. (필요하면 어형 변화 가능) 내신 직결

18 나는 내 부러진 팔 때문에 필기를 할 수 없다. (break, notes, arm, can't, my, take, because of) [8점]

→ I _____ .

19 그녀는 잠자는 아기를 침대에 내려놓았다. (sleep, put down, the bed, baby, on, the) [8점]

→ She _____ .

고난도 **20** 우리 가족은 수지의 졸업을 축하하는 파티에 초대받았다. [9점]

(celebrate, a party, Suzy's graduation, be invited to)

→ My family _____ .

> **Guide** ✔ 1. 수식받는 명사와 수식하는 분사의 의미 관계를 파악하여 분사의 알맞은 형태를 판단한다.
> 2. 분사에 딸린 어구가 있으면 명사 뒤에, 없으면 명사 앞에 놓는다.

---

01 belong to A A의 것이다, A에 속하다 03 approach O O에 다가가다, 접촉하다 04 apply for ~에 지원하다 05 consider O C O를 C라고 여기다[생각하다] location 장소, 위치 attract (마음을) 끌어들이다 07 proof 증거 cf. prove 증명하다 09 surround 둘러싸다 10 researcher 연구원 laboratory 연구소, 실험실 13 hold 열다, 개최하다; 잡다 15 hand out 나눠주다, 배포하다 check 채점하다; 조사하다 16 professor 교수 review 검토(하다); 복습(하다) in advance 미리, 사전에 17 contract 계약(서); 계약하다 evidence 증표, 증거 cf. evident 분명한, 눈에 띄는 18 take notes 필기[메모]하다 19 put down A on B A를 B에 내려놓다 20 celebrate 축하하다; 기념하다

UNIT 2 7 감정을 나타내는 v-ing, p.p.

알맞은 분사 찾기&해석하기 다음 문장의 네모 안에서 어법상 알맞은 것을 고르고 문장 전체를 해석하세요. [각 5점] **수능 직결**

01 Today's quiz had some | confusing / confused | questions. *quiz (간단한) 시험; 퀴즈

→

02 The | amusing / amused | viewers enjoyed the comedy show.

→

03 The hockey team had a | disappointing / disappointed | season. *season (운동 경기의) 시즌

→

04 The | boring / bored | children wanted to visit the toy library.

→

05 The orchestra will perform a | fascinating / fascinated | opera tonight.

→

Guide ✔ 감정 v-ing: 수식받는 명사가 다른 누군가에게 감정을 느끼게 만듦 (능동) / 감정 p.p.: 수식받는 명사가 감정을 느낌 (수동)

명사 수식 v-ing vs. p.p. 괄호 안에 주어진 단어를 알맞은 분사 형태로 바꿔 쓰세요. [각 3점] **내신 직결**

06 He has (excite)_____ plans for Christmas.

07 The customers responded to an (interest)_____ survey.

08 The passengers (frustrate)_____ due to the delay started complaining.

09 Richard received a (satisfy)_____ answer from the university.

10 The waiter (embarrass)_____ by his mistakes apologized to us.

알맞은 분사 고르기 다음 밑줄 친 명사를 보충 설명하는 분사의 형태로 알맞은 것을 네모 안에서 고르세요. [각 3점] **수능 직결**

11 Keep <u>visitors</u> | interesting / interested | in your website.

12 The <u>building</u> designed by Henry looks | amazing / amazed |.

13 The <u>audiences</u> seemed so | thrilling / thrilled | by the actor's acting.

14 The speaker made <u>his speech</u> | amusing / amused | by using jokes.

15 <u>Children</u> usually feel | delighting / delighted | at the first snowfall of the year.

16 The student looked (surprise) _____ by her high score.

17 The beginning of a new project seems (interest) _____.

18 I found the positive feedback from the teacher (encourage) _____.

19 Her victory in the Olympic Games made people (excite) _____.

고난도 **20** It can be (embarrass) _____ to ask complete strangers for help.

Guide ✔ SVC 문형에서는 S와 C의 관계, SVOC 문형에서는 O와 C의 관계를 살펴 분사의 형태를 판단한다.

21 그녀는 그의 청혼에 충격 받은 것처럼 보인다. (his marriage proposal, seem, by, shock)

→ She _____.

22 우리는 가족에 대한 그의 헌신이 감동적이라고 여긴다. (to his family, consider, touch, his devotion)

→ We _____.

23 그녀는 내게 이번 여름에 방문할 편안한 장소들을 말해주었다. (to visit, me, places, relax, tell)

→ She _____ this summer.

고난도 **24** 그는 당황해서 그들의 질문에 답하지 않았다. (their question, didn't answer, confuse, and, be)

→ He _____.

고난도 **25** 파티 게임을 위한 흥미로운 아이디어들을 듣는 것은 신난다.

(to hear, for party games, excite, ideas, be, interest)

→ It _____.

Guide ✔ 분사가 수식하거나 보충 설명하는 명사와의 관계가 능동인지 수동인지 파악하고, 분사(구)의 위치에 주의한다.

---

05 orchestra 오케스트라, 교향악단 perform 공연하다; 수행하다 **07** respond to A A에 답하다 **08** passenger 승객 delay 지연, 연착; 연기(하다) **10** apologize 사과[변명]하다 *cf.* apology 사과; 변명 **11** keep O C O를 C인 상태로 두다 **15** first snowfall 첫눈 **19** victory 승리 **20** ask A for help A에게 도움을 청하다 **22** devotion 헌신 **24** answer O O에 답하다

목적어를 보충 설명하는 to-v, v, v-ing, p.p.

정답 및 해설 p.22

해석하기 \ **다음 문장을 알맞게 해석하세요.** [각 2점]

01 He got his friend to proofread his report.   *proofread 교정보다

→

02 I asked her to return the money to the owner.

→

03 The green lights allow us to cross the street safely.

→

04 The natural disaster caused the food price to rise too much.   *natural disaster 자연재해

→

05 The government can't force people to give up their rights.

→

Guide ✔ 〈동사+목적어+to-v(보어)〉: O가 v하기를[하도록] ~하다

해석하기 \ **다음 문장의 밑줄 친 부분을 알맞게 해석하세요.** [각 2점]

06 Jamie <u>saw her husband running</u> across the crosswalk.

→

07 I sometimes <u>watch a band perform</u> on subway platforms.

→

08 Jane <u>smelled the bread baking</u> in the oven.

→

09 I <u>heard Amanda scolding her son</u> for his carelessness.   *scold 야단치다

→

10 A security guard <u>is looking at people enter the building</u>.   *security guard 경비원

→

Guide ✔ • see, hear 등의 지각동사가 〈S+V+O+C(v/v-ing)〉의 형태로 쓰이면 'O가 v하(고 있)는 것을 보다[듣다]' 등을 의미한다.
            • 보어로 v-ing를 취할 경우, 동작이 진행되는 일부를 경험한 것이다.

---

02 owner 주인, 소유자 *cf.* own 소유하다 **03** green light (교통 신호의) 파란 불; 허가, 승인 **05** government 정부 right 권리; 옳은; 오른쪽의 **06** crosswalk 횡단보도 **07** subway platform 지하철 승강장 **09** carelessness 부주의, 경솔(↔ carefulness 신중, 조심(성)) **10** enter O O에 들어가다

11 Get your homework <u>finished</u> by tomorrow.

12 Don't let your past <u>determined</u> your future.

13 I taught my daughter <u>brush</u> her teeth three times a day.

14 My boss had all staff members <u>to attend</u> the meeting.

15 The police officer warned the driver <u>follow</u> the traffic rules.

16 Mr. Taylor made his student <u>read</u> the book aloud in the class.

고난도 **17** The book advises readers not <u>compare</u> themselves to others.

18 The math test requires us <u>to solve</u> 10 problems in 30 minutes.

19 Our family has milk, cheese and yogurt <u>deliver</u> every morning.

고난도 **20** I found the playground <u>crowd</u> with lots of kids during lunch time.

> **Guide** ✔ · 동사에 따라 취하는 목적격보어의 형태를 알아두자.
> · 목적어와 보어와의 관계가 능동이면 to-v/v/v-ing, 수동이면 p.p.를 써야 한다.

21 It's important to make yourself look / looking / looked respectable.

22 The audience carefully listened to the professor lecture / lecturing / lectured.

23 My mother kept her diary hide / hiding / hidden in the closet.

24 We watched the children build / building / built a sandcastle on the beach.

25 I saw a mysterious man disappear / disappearing / disappeared into the mist.

> **Guide** ✔ 목적어와 보어와의 관계가 능동일 경우 동사의 종류에 따라 보어 자리에 v 또는 v-ing를 쓰고,
> 목적어와 보어와의 관계가 수동이면 보어자리에 p.p.를 쓴다.

---

12 determine 결정[결심]하다 **13** brush one's teeth 이를 닦다, 양치하다 **14** attend O O에 참석하다; 주의를 기울이다 **16** aloud 큰 소리로, 소리 내어 **17** compare A to B A를 B와 비교하다 **20** playground 운동장, 놀이터 crowd 붐비다; 군중 **21** respectable 점잖은, 존경할만한 **22** lecture 강연[강의]하다 **23** closet 옷장 **25** mysterious 수상한; 신비로운 mist 안개

26 그녀는 항상 뒷문을 닫아 둔다. (keep, close, the back gate)

→ She always _____.

27 아버지는 주기적으로 시력을 검사하신다. (his eyes, have, test)

→ My father regularly _____.

28 카일은 한밤중에 전화기가 울리는 것을 들었다. (hear, ring, the phone)

→ Kyle _____ in the middle of the night.

29 그 점원은 우리가 그 상품을 사도록 설득했다. (us, persuade, the product, buy)

→ The sales clerk _____.

30 어머니는 내가 남동생을 깨우도록 하셨다. (my younger brother, me, wake up, have)

→ My mother _____.

31 그 소방관은 소년이 다리에 부상을 입은 것을 발견했다. (in, wound, find, the leg, the boy)

→ The firefighter _____.

32 그 환자는 자신의 혈압이 상승하는 것을 느꼈다. (his blood pressure, rise, feel)

→ The patient _____.

33 나는 어둠 속에서 무언가가 움직이고 있는 것을 알아챌 수 있었다. (I, move, could, something, notice)

→ _____ in the darkness.

고난도 34 나는 크리스에게 달걀을 사오는 것을 잊지 말라고 상기시켰다. (to, Chris, not, forget, eggs, remind, buy)

→ I _____.

고난도 35 스티븐은 자동차 사고에서 팔 한쪽이 부러졌다. (one of his arms, have, a car accident, break, in)

→ Steven _____.

Guide ✔ 1. 동사를 알맞은 시제로 바꾸어 쓴다.
2. 목적어와 보어와의 관계가 수동이면 보어로 p.p.를 쓰고, 능동일 경우 동사에 따라 보어로 to-v, v, v-ing를 쓴다.

---

30 wake up ~을 깨우다   31 wound 부상을 입히다; 상처   32 blood pressure 혈압   rise(-rose-risen-rising) 오르다 *cf.* raise(-raised-raised-raising) 올리다; 기르다   34 forget to-v (앞으로) v할 것을 잊다   35 car accident 자동차 사고

CHAPTER

07

부사 역할을 하는 to-v
/ 분사구문

의미 연결하기   다음 각 문장의 의미가 통하도록 A와 B를 연결하세요. [각 4점]

A	B
01 We sent our customers brochures •	• in order not to make a mistake.
02 The purchase receipt is required •	• they use high-quality materials.
03 In order to build a fine house, •	• to get a free gift at the shop.
04 I practiced my speech several times •	• please contact us as soon as possible.
05 To make a reservation, •	• to explain the products.

Guide ✔ 문장의 동사가 나타내는 동작이나 상태와 그 '목적((in order) to-v ~)'이 자연스럽게 연결되는 것을 찾는다.

명사구와 부사구 구별하기   다음 문장 전체를 해석하고 밑줄 친 부분이 문장에서 하는 역할을 찾아 ✔ 표시하세요. [각 5점]

06 <u>To be diligent at all times</u> is his strength.   *diligent 근면한

→   ☐ 주어   ☐ 부사 수식어

07 <u>To stay healthy</u>, his wife exercises every morning.

→   ☐ 주어   ☐ 부사 수식어

08 <u>To receive your passport</u> will take about two weeks.   *passport 여권

→   ☐ 주어   ☐ 부사 수식어

09 <u>To travel alone for the first time</u> takes great courage.

→   ☐ 주어   ☐ 부사 수식어

10 <u>To buy a car</u>, my friend has saved money for a year.

→   ☐ 주어   ☐ 부사 수식어

Guide ✔ • 명사적 용법으로 쓰여 주어 역할을 하는 to-v구는 어구 뒤에 동사가 바로 이어진다.
• '목적'을 나타내는 부사적 용법으로 쓰인 to-v가 문두에 오는 경우, 〈To-v, 주어+동사 ~〉의 형태이다.

01~05 brochure 책자 receipt 영수증 make a reservation 예약하다(= reserve) high-quality 고급의 material 자재; 물질 free gift 경품, 사은품 contact 연락(하다); 접촉(하다) as soon as possible 가능한 한 빨리 06 at all times 언제나, 항상 strength 장점, 강점; 힘 09 courage 용기

다음 밑줄 친 부분을 우리말로 해석하고 〈보기〉의 어느 것에 해당하는지 그 기호를 쓰세요. [각 5점]

〈보기〉 ⓐ 감정의 원인 ⓑ 판단/추측의 근거

11 I was pleased to meet my favorite football player by chance. *by chance 우연히

→

12 The old lady was shocked to find her house on fire.

→

13 He was polite not to use rude words against them.

→

고난도 **14** She was brave to jump into the water to save the child.

→

고난도 **15** We were disappointed to find that the shop was closed.

→

Guide ✓ 〈감정 어구+to-v〉: v해서 ∼하다 (감정의 원인) / 〈칭찬/비판 형용사+to-v〉: v하다니, v하는 것을 보니 ∼하다 (판단/추측의 근거)

조건 영작 다음 우리말과 일치하도록 괄호 안의 어구를 활용하여 빈칸을 완성하세요. (필요하면 단어 추가 가능) [각 6점] 내신 직결

16 나는 그녀를 마중 가기 위해 공항에 갔다. (meet, her, in)

→ I went to the airport _____ _____ _____ _____ _____.

17 그 낯선 사람을 전적으로 믿다니 나는 매우 어리석었다. (the stranger, trust, stupid)

→ I was very _____ _____ _____ _____ _____ completely.

18 우리는 선거 결과를 보고 놀랐다. (see, the election results, surprised)

→ We were _____ _____ _____ _____ _____ _____.

고난도 **19** 학생들은 이 과목에서 낙제하지 않기 위해서 마감 기한을 지켜야 한다. (not, this course, fail, in)

→ Students should meet the deadline _____ _____ _____ _____ _____ _____ _____.

고난도 **20** 그는 숲에서 야생 동물이 내는 소리를 들어서 두려웠다. (hear, of, wild animals, afraid, the sounds)

→ He was _____ _____ _____ _____ _____ _____ _____ _____ in the woods.

11 meet 만나다; 마중 가다; (기한 등을) 지키다; (요구 등을) 충족시키다 17 trust 믿다, 신뢰(하다) completely 전적으로, 완전히 19 fail 낙제하다; 실패하다 deadline 마감 기한

해석하기 | 다음 문장을 알맞게 해석하세요. [각 5점]

01 Her name was hard to pronounce.

→

*pronounce 발음하다; (공식적으로) 선언하다

02 The old car looks dangerous to drive.

→

03 The suitcase is easy for travelers to carry.

→

*suitcase 여행 가방

04 The result of the baseball game was impossible to predict.

→

고난도 **05** Korean public transportation is very convenient for tourists to use.

→

*public transportation 대중교통

Guide ✔ to-v는 일부 형용사 뒤에 쓰여 그 의미를 더 분명하게 해줄 수 있으며 'v하기에 ~하다'로 해석된다.

배열 영작 | 다음 우리말과 일치하도록 괄호 안에 주어진 어구를 순서대로 배열하세요. [각 5점] 내신 직결

06 너는 너무 빨리 걸어서 따라갈 수가 없다. (too, to, walk, follow, fast)

→ You _____.

07 그들은 제시간에 도착할 만큼 운이 좋았다. (to, enough, arrive, lucky, were)

→ They _____ on time.

08 그 사용 설명서는 내가 그 프로그램을 혼자서 설치할 만큼 충분히 알기 쉬웠다.

(me, clear, for, the program, were, to, enough, install)

→ The instructions _____ by myself.

고난도 **09** 바람은 연이 하늘 높이 날만큼 충분히 세게 불었다. (for, fly, the kite, enough, hard, high, to)

→ The wind blew _____ in the sky.

고난도 **10** 그 카페는 너무 시끄러워서 나는 대화에 집중할 수 없었다.

(for, was, the conversation, too, concentrate on, noisy, me, to)

→ The cafe _____.

Guide ✔ 1. 〈too+형용사/부사+to-v〉, 〈형용사/부사+enough+to-v〉의 어순이어야 한다.
2. 주어와 to-v의 의미상 주어가 다른 경우, to-v 앞에 〈for A〉를 써서 의미상의 주어를 밝혀준다.

11 I don't like spicy food, <u>to be frank with you</u>.
→

12 This jacket <u>is too thin to wear</u> in December.
→

13 The smiling man has good news, <u>to be sure</u>.
→

14 The river <u>was clean enough for kids to swim in</u>.
→

15 <u>To tell you the truth</u>, I forgot Susan's birthday.
→

16 He likes to read poems, <u>not to mention novels</u>.
→

17 <u>To make matters worse</u>, the boy didn't admit his fault.
→

18 Our life, <u>so to speak</u>, is a movie with a happy ending.
→

19 <u>To begin with</u>, you should wash your hands before the cooking class.
→

고난도 20 The singer <u>sang loudly enough for all the audience to hear his voice</u>.
→

Guide ✓ 부사 역할을 하는 to-v의 다양한 의미와 관용적 표현에 대해 알아두자.

---

04 predict 예측하다(= forecast) 08 install 설치하다 by oneself 혼자서 09 kite 연 blow(-blew-blown) (바람이) 불다 10 concentrate on ~에 집중하다 16 poem 시(詩) cf. poet 시인 novel 소설; 새로운 17 admit 인정하다 fault 잘못

분사구문 해석하기 \ **다음 밑줄 친 부분을 알맞게 해석하세요.** [각 3점]

01 <u>Listening to quiet music</u>, she did yoga.

→ _____. 그녀는 요가를 했다.

02 <u>Crying loudly</u>, the kid called his mom and dad.

→ _____. 그 아이는 엄마와 아빠를 불렀다.

03 <u>Running along the seaside</u>, I breathed in fresh air.

→ _____. 나는 신선한 공기를 들이마셨다.

Guide ✔ 분사구문(v-ing)의 동작과 문장의 동사가 나타내는 동작이 일어난 때를 고려해서 자연스럽게 해석한다.

분사구문 vs. 동명사 주어 \ **다음 문장의 주어에 밑줄 긋고, 문장 전체를 알맞게 해석하세요.** [각 4점]

04 Seeing me with a big smile, he walked toward me.

→

05 Believing the rumor was my mistake.

→

06 Waiting for his father, he played a mobile game.

→

07 Living with grandchildren can bring happiness to the elderly.

*the elderly 노인들

→

Guide ✔ v-ing가 분사구문인 경우: 〈v-ing ~, 주어+동사 ~〉 / v-ing가 문장의 주어 역할을 하는 동명사인 경우: 〈v-ing+동사 ~〉

동시동작 분사구문 \ **다음 두 문장을 분사구문을 이용하여 한 문장으로 표현할 때, 빈칸에 알맞은 한 단어를 쓰세요.** [각 10점]

내신 직결

08 The manager interviewed me. + The manager filled out a document.

→ _____ me, the manager filled out a document.

→ The manager interviewed me, _____ out a document.

09 She watched a music program. + She danced along to the songs.

→ _____ a music program, she danced along to the songs.

→ She watched a music program, _____ along to the songs.

Guide ✔ 분사구문의 동작이 문장의 동사 V와 동시에 일어나는 경우, 어느 동작을 분사로 나타내도 뜻 차이가 거의 없다.

10 My friend finished her essay first and then my friend helped me.

→ _____ her essay first, my friend helped me.

→ My friend finished her essay first, _____ me.

11 We opened the windows and then we started cleaning the whole house.

→ _____ the windows, we started cleaning the whole house.

→ We opened the windows, _____ cleaning the whole house.

> **Guide** ✔ 1. 처음 동작(V₁)과 나중 동작(V₂)이 순서대로 배열되어야 한다.
> 2. V₁ 또는 V₂를 v-ing로 변형한다.

분사구문 문장 전환 \ 다음 문장의 부사절을 분사구문을 이용하여 바꿔 쓰세요. [각 5점] 내신 직결

12 Because he is a student, he can get a discount on his train travel.

→ _____, he can get a discount on his train travel.

13 When I noticed an error in his writing, I reported it to him.

→ _____, I reported it to him.

14 She texted her classmates while she was going to school.

→ She texted her classmates, _____.

15 When they arrived at the terminal, they saw the last bus leave.

→ _____, they saw the last bus leave.

16 I drank a cup of coffee while I read some news online.

→ I drank a cup of coffee, _____.

17 As I wished to get a good grade on the test, I studied hard.

→ _____, I studied hard.

고난도 **18** Since he didn't like his job, Alex decided to find a new one.

→ _____, Alex decided to find a new one.

> **Guide** ✔ 1. 부사절의 접속사를 생략하고, 부사절의 주어가 주절의 주어와 같으면 역시 생략한다.
> 2. 부사절의 동사를 v-ing 형태로 바꾼다. 부정어 not은 v-ing 앞에 붙인다.

---

03 seaside 해변, 바닷가 breathe in ~을 들이마시다(= inhale) *cf.* breath 숨 **07** grandchild 손주 **08** fill out A A를 작성[기입]하다 document 서류, 문서; 기록하다 **12** get a discount 할인을 받다 **13** report 알리다; 보도(하다) **14** text 문자를 보내다; 글, 본문 **15** see O v O가 v하는 것을 보다 **17** grade 성적; 등급 **18** decide to-v v하기로 결심하다

어법 판단하기   다음 밑줄 친 부분이 어법상 옳으면 ○, 틀리면 ×로 표시하고 바르게 고치세요. [각 6점]   수능 직결

01 <u>Wished</u> to refresh myself, I took a nap.

02 <u>Confusing</u> by her unclear reply, I visited her office.

03 <u>Seeing</u> the dirty room, she started to clean up the mess.

04 <u>Being training</u> well, the puppy doesn't bark at people.

05 <u>Located</u> in the city center, the new mall is very popular.

06 <u>Not lived</u> with his family, my friend always misses them.

07 <u>Passing</u> the test, my friends and I breathed a sigh of relief.   *a sigh of relief 안도의 한숨

08 <u>Surprised</u> by the high price, we didn't buy a new cell phone.

09 <u>Used</u> for a long time, my old computer eventually broke down.

고난도 **10** <u>Stucking</u> in traffic, he missed his job interview this morning.

Guide ✔ 분사구문의 의미상의 주어가 분사의 동작을 하는지, 당하는지에 따라 능동·수동이 결정된다.

분사구문 쓰기   다음 우리말과 일치하도록 괄호 안의 어구를 활용하여 영작하세요. (필요하면 단어 추가 및 어형 변화 가능) [각 10점]
내신 직결

11 슬픈 이야기를 읽어서, 나는 많이 울었다. (read)

→ _____ a sad story, I cried a lot.

12 해야 할 일이 많아서, 그는 이메일을 확인하지 못했다. (have)

→ _____ much to do, he couldn't check his e-mails.

13 낯선 사람들에게 둘러싸여서, 그녀는 당황스러워 보였다. (surround)

→ _____ by strangers, she looked embarrassed.

고난도 **14** 정답을 몰라서, 그 학생은 자신 있게 설명할 수 없었다. (know)

→ _____ the correct answer, the student couldn't explain confidently.

Guide ✔ 주절의 주어와 분사 간의 능동·수동 관계를 파악한 후, 주어진 단어를 알맞은 형태로 쓴다.

01 refresh oneself 기분 전환을 하다 take a nap 낮잠을 자다 02 unclear 불명확한(↔ clear 명확한) reply 회신, 답장; 대답하다 04 bark 짖다 06 miss 그리워하다;
놓치다 09 eventually 결국 break down 고장 나다; ~을 부수다 13 surround 둘러싸다, 에워싸다 embarrassed 당황스러운 14 confidently 자신 있게, 확신을 갖고

PART

3

문장의 확장, 절

CHAPTER

08

주어/목적어/보어로
쓰이는 명사절

해석하기&역할 파악하기   다음 문장을 해석하고, 밑줄 친 부분이 주어(S), 목적어(O), 보어(C) 중 어느 것인지 ✔ 표시하세요.

[각 5점]

01 <u>That I passed the exam</u> was a great surprise.   *a great surprise 정말 뜻밖의 일

→   ☐ S   ☐ O   ☐ C

02 The truth is <u>that global warming is getting serious.</u>   *global warming 지구 온난화

→   ☐ S   ☐ O   ☐ C

03 My opinion is <u>that the situation can be changed.</u>   *opinion 견해

→   ☐ S   ☐ O   ☐ C

04 I decided <u>that I would take the swimming class twice a week.</u>

→   ☐ S   ☐ O   ☐ C

05 The clerk told me <u>that there would be a big sale soon.</u>   *clerk 점원

→   ☐ S   ☐ O   ☐ C

Guide ✔ 접속사 that이 이끄는 명사절은 문장에서 주어, 목적어, 보어가 된다.

생략된 that 찾기&해석하기   다음 문장에서 that이 생략된 곳에 V 표시하고 문장을 해석하세요. [각 5점]

06 Don't forget I am always ready to help you.

→

07 All members agreed they would have a weekly meeting.   *have a meeting 회의를 열다

→

08 I taught her the key to his success was diligence.   *diligence 부지런함, 근면

→

09 They promised the babysitter they would be home by midnight.

→   *babysitter 베이비시터, 아이를 봐주는 사람

10 The expert said teenagers are spending too much time on their smartphones.

→

Guide ✔ that절이 문장에서 동사의 목적어 역할을 할 경우 that을 생략할 수 있다.

02 serious 심각한 03 situation 상황 07 weekly 주간의, 매주(의), 주 1회(의) 09 promise 약속(하다) midnight 자정 10 expert 전문가; 전문적인 teenager 십 대
spend 시간 on A A에 시간을 보내다 cf. spend 시간 (in) v-ing v하는 데 시간을 보내다

11 이 TV 쇼가 인기를 얻을 것이라는 것은 확실하다.

(that, certain, will become, this TV show, popular, is)

→ It _____.

12 우리는 예술에 관한 취향이 주관적인 문제라는 것을 안다. (a subjective matter, that, is, taste in art)

→ We know _____.

13 놀라운 점은 예전에 아무도 이곳에 살지 않았다는 것이다. (live, no one, used to, here, that, is)

→ The surprising thing _____.

14 그 연구는 소비자들이 무설탕 음료를 선호한다는 것을 시사한다.

(prefer, consumers, sugar-free drinks, that, suggests)

→ The research _____.

15 기름진 음식이 사람들을 살찌게 만드는 것은 분명하다.

(people, is, makes, that, gain weight, oily food, clear)　*gain weight 살이 찌다

→ It _____.

16 그 글의 주제는 우리가 우리 환경을 보호해야 한다는 것이다.

(protect, should, is, we, our environment, that)

→ The topic of the writing _____.

17 그녀는 내 생일이 이번 달이라는 것을 기억했다. (this month, my birthday, that, is, remembered)

→ She _____.

고난도 **18** 문제는 젊은 사람들을 위한 충분한 일자리가 없다는 것이다.

(the young, enough, that, are, not, jobs, there, for, is)

→ The problem _____.

고난도 **19** 금성에서의 하루가 지구에서 거의 여덟 달이라는 것은 흥미롭다.

(on Venus, interesting, 8 months, is, one day, is, almost, on Earth, that)　*Venus 금성

→ It _____.

고난도 **20** 한 연구는 우리에게 사람들이 깨어있기 위해 하품을 한다는 것을 보여준다.

(yawn, stay, us, people, shows, in order to, that, awake)　*yawn 하품을 하다

→ A study _____.

Guide ✔ 1. 우리말을 통해 that절을 이루는 어구와 주절을 이루는 어구를 구분한다. 2. 주절의 어구를 배열한 뒤, that절을 순서대로 배열한다.

---

11 certain 확실한(↔ uncertain 불확실한); 특정한　popular 인기 있는, 대중적인　**12** subjective 주관적인(↔ objective 객관적인)　taste 취향; 미각; 맛이 ~하다　**13** used to v v하곤 했다　**14** prefer 선호하다　-free ~이 없는　suggest 시사하다; 제안하다　**16** environment 환경　**18** the young 젊은 사람들　job 일자리; 직업　**20** stay awake 깨어 있다

정답 및 해설 p.26

문장 전환 \ 다음 밑줄 친 어구와 의문문을 합쳐 한 문장으로 쓰세요. [각 6점] 내신 직결

01 <u>I don't know</u> + Can I borrow the books?

→

02 Will his plan make a positive change? + <u>is not known yet</u>

→

03 <u>The problem is</u> + Will our clients continue to use our products?

→

04 <u>It is doubtful</u> + Do they spend their free time studying?

→

고난도 **05** <u>The researchers are interested in</u> + Will listening to music improve health?

→

Guide ✔ whether/if가 이끄는 명사절은 〈whether/if+주어+동사〉의 어순을 가진다.

해석하기&역할 파악하기 \ 다음 문장을 해석하고 밑줄 친 부분이 주어(S), 목적어(O), 보어(C) 중 어느 것인지 ✔ 표시하세요.

[각 6점]

06 <u>Whether she will be satisfied with her new job</u> is important.

→   □S   □O   □C

07 It is uncertain <u>if the test results were sent to the parents.</u>

→   □S   □O   □C

08 The question is <u>whether we have enough time to prepare lunch.</u>

→   □S   □O   □C

09 I am wondering <u>if the concert tickets are available.</u>   *available 구할[이용할] 수 있는

→   □S   □O   □C

10 I asked Jim <u>whether he had ever tried the restaurant's food.</u>

→   □S   □O   □C

Guide ✔ 명사절 접속사 whether가 이끄는 절은 'S'가 V' ~인지'의 의미로서 문장에서 주어, 목적어, 보어 역할을 한다.
같은 의미로 쓰이는 if절은 주로 진주어나 동사의 목적어 역할을 한다.

11 그는 그녀에게 이번 주말에 계획이 있는지 물었다. (had, for, she, asked, plans, if, this weekend, her)

→ He _____ .

12 에이미가 그의 사진 동아리에 가입할지가 그의 가장 큰 관심사이다.

(will, Amy, whether, his photography club, join)

→ _____ is his biggest concern.

13 그녀가 그 영화 속의 배역을 받아들일지는 분명하지 않다. (the role, accept, will, in the movie, if, she)

→ It is unclear _____ .

고난도 **14** 경찰은 누군가 이 장소에 왔었는지를 조사하고 있다.

(whether, to, came, someone, looking into, this spot, are)

→ The police _____ .

고난도 **15** 그 회의의 주제는 그 보고서의 결론들이 정확한지이다.

(the report, in, whether, are, the conclusions, accurate, is)

→ The subject of the meeting _____

_____ .

Guide ✔ 1. 우리말을 보고 whether/if절에 필요한 어구들을 알맞게 배열한다.
2. 나머지 어구로 주절을 적절히 배열하고 whether/if절도 역할(주어, 목적어, 보어)에 따라 배치한다.

---

01 borrow 빌리다(↔ lend 빌려주다) 02 positive 긍정적인(↔ negative 부정적인) 03 client 고객, 의뢰인 continue to-v 계속해서 v하다 04 doubtful 의심스러운 cf. doubt 의심(하다) 05 be interested in ~에 관심이 있다 improve 개선시키다 06 be satisfied with ~에 만족하다 08 prepare 준비하다 09 wonder 궁금해하다 12 photography 사진 촬영, 사진술 concern 관심사; 걱정(하다); 관련되다 13 role 배역; 역할 accept 받아들이다 14 look into 조사하다 spot 장소; 발견하다 15 conclusion 결론, 결과 cf. conclude 결론을 내리다 accurate 정확한; 정밀한 cf. accuracy 정확도 subject 주제; 과목; 대상, 소재

정답 및 해설 p.27

문장 전환 　다음 밑줄 친 어구와 의문문을 합쳐 한 문장으로 쓰세요. [각 4점] **내신 직결**

01 <u>This smartphone reflects</u> + What do teenagers need?

→

02 <u>I will ask him</u> + Who will attend the awards ceremony?　*awards ceremony 시상[수상]식

→

03 <u>He didn't tell me</u> + Why was my proposal rejected?

→

04 Where will they establish a new college? + <u>hasn't been discussed</u>

→

05 Which is the coldest month of the year? + <u>was the last question</u>

→

06 <u>Nobody knows</u> + Whose is this red bag?

→

07 Whom did he invite to the party? + <u>is a secret</u>

→

08 <u>The class taught me</u> + How can I deal with the mental pressure?

→　　*mental pressure 정신적 압박감

09 <u>The problem is</u> + When should I tell her the truth?

→

10 <u>I wonder</u> + What happened to the rest of the story?

→

Guide ✔　의문사절이 명사절로 쓰일 때는 〈의문사+(주어+)동사〉의 어순이 된다.

---

01 reflect 반영하다; 반사하다; 심사숙고하다　**02 attend** O O에 참석[참여]하다　**03 proposal** 제안(서), 제의; 청혼　**reject** 거절하다　**04 establish** 설립하다, 세우다
discuss 논의[상의]하다　**08 deal with** ~을 다루다[대처하다]

[각 6점]

11 When she will come back remains unclear.

*remain (여전히) ~이다

→ _____ ☐ S ☐ O ☐ C

12 He explained why he was late for class this morning.

→ _____ ☐ S ☐ O ☐ C

13 My question is what the title of the horror movie is.

→ _____ ☐ S ☐ O ☐ C

14 We haven't decided yet where we are going to stay in LA.

→ _____ ☐ S ☐ O ☐ C

15 The teacher showed students how they can register for online classes.

→ _____ ☐ S ☐ O ☐ C

Guide ✔ 의문사가 이끄는 명사절은 문장 내에서 주어, 목적어, 보어의 역할을 한다.

---

16 사람들은 자신들이 누구를 사랑하게 될지를 예측할 수 없다.

(predict, they, people, whom, can't, love, will)

→ _____

17 나는 그가 왜 내게 그렇게 화가 났는지 이해가 안 된다.

(so upset, don't, gets, me, I, understand, why, he, at)

→ _____

18 최대 관심사는 누가 다음 서울 시장이 될 것인가이다.

(who, the next, is, will, the hot topic, Seoul mayor, be)

*mayor 시장

→ _____

19 어떻게 여러분이 저희 소프트웨어에 접근할 수 있는지는 웹사이트에 설명되어 있습니다.

(you, is described, the website, our software, can, how, access, on)

→ _____

고난도 **20** 선생님께서는 우리에게 우리가 과학 과제를 준비하기 위해 무엇이 필요한지를 말씀해주셨다.

(told, prepare, need to, the teacher, what, for, us, the science project, we)

→ _____

Guide ✔ 1. 우리말을 보고 의문사가 이끄는 절에 필요한 어구들을 알맞게 배열한다.
2. 나머지 어구로 주절을 적절히 배열하고 의문사절도 역할(주어, 목적어, 보어)에 따라 배치한다.

---

15 register for ~에 등록하다 16 predict 예측[예견]하다 19 describe 설명하다, 묘사하다 *cf.* description 설명, 묘사 access 접근[접속](하다)

문장 전환 다음 밑줄 친 어구와 의문문을 합쳐 한 문장으로 쓰세요. [각 6점] 내신 직결

01 How long do you boil your eggs? + is your preference   *preference 선호(도)

→

02 <u>Would you let me know</u> + Which seat do you prefer?

→

03 How much caffeine do you consume? + <u>may affect your sleep</u>

→

04 <u>My question is</u> + What sort of gift should I buy for my parents?

→

05 <u>My friend asked me</u> + Whose song was I listening to?

→

Guide ✔ • how 형용사/부사+S′+V′~
• how+many/much+명사+S′+V′ ~
• what, which, whose+명사(+S′)+V′

해석하기&역할 파악하기 다음 문장을 해석하고 밑줄 친 부분이 주어(S), 목적어(O), 보어(C) 중 어느 것인지 ✔ 표시하세요.

[각 6점]

06 My grandmother told me <u>how old this house is.</u>

→   ☐S ☐O ☐C

07 <u>Which country you are from</u> doesn't matter to me.

→   ☐S ☐O ☐C

08 The clerk asked me <u>what color I wanted for my dress.</u>

→   ☐S ☐O ☐C

09 My recent concern is <u>what career would be best for me.</u>

→   ☐S ☐O ☐C

10 <u>How many people join the yoga course</u> determines the course fee.

→   ☐S ☐O ☐C

Guide ✔ 의문사가 이끄는 명사절의 해석과 그 명사절이 문장 내에서 어떤 역할을 하는지 파악해 본다.

---

11 너는 누가 이 쪽지를 보냈다고 생각하니? (note, think, do, who, this, sent, you)

→

12 나는 그녀가 무슨 종류의 음악을 즐기는지 모른다. (kind of, I, she, don't know, enjoys, what, music)

→

13 선생님께서 나에게 어느 발을 다쳤는지 물으셨다. (hurt, asked, which, me, I, my teacher, foot)

→

고난도 **14** 너는 한국의 교육체계가 어떻게 변화해야 한다고 생각하니?

(the Korean education system, how, you, should, do, change, believe)

→

고난도 **15** 네 전공을 선택함에 있어 중요한 것은 무슨 과목을 네가 좋아하는지이다.

(your major, what, the important thing, you, in, is, choosing, like, subject)

*in v-ing v함에 있어서

→

Guide ✔ 각 의문사의 의미와 의문사가 이끄는 명사절의 어순을 이해하자. 특히 의문사절이 'do you think[believe, suppose]' 등과 결합할 때는 의문사가 문장의 맨 앞에 오는 것에 유의한다.

---

01 boil 삶다; 끓(이)다 **02** prefer 선호하다 **03** consume 섭취하다; 소비하다 affect 영향을 미치다 **04** what sort[kind] of 무슨[어떤] 종류의 ~ **07** matter 중요하다; 문제 **10** course 강좌, 방향 determine 결정하다 fee 요금, 비용 **13** hurt 다치게 하다; 아프다 **14** education 교육 *cf.* educate 교육하다 **15** major 전공; 주요한 (↔ minor 사소한)

PART 3

CHAPTER

09

관계사절 I

주격 관계대명사 who, which, that

알맞은 관계대명사 고르기 다음 문장의 네모 안에서 어법상 알맞은 것을 고르세요. [각 4점] 내신 직결

01 She missed the bus who / which goes to the museum.

02 Some people love stories who / which don't happen in real life.

03 That company only hires people who / which majored in economics.

04 The houses who / which were destroyed by the earthquake are being rebuilt.

05 There are a lot of students who / which want to apply for this drawing course.

Guide ✔ • 선행사가 사람일 경우 who 또는 that
      • 선행사가 사람이 아닐 경우 which 또는 that

관계대명사절 이해하기 \ 다음 〈보기〉와 같이 각 문장을 a, b에 따라 답하세요. [각 6점]

a. 관계대명사절을 [ ]로 표시하고 문장 전체를 해석하세요.
b. 해석한 우리말 문장에서 관계대명사절에 해당하는 것을 [ ]로 표시하세요.
〈보기〉 The teacher [who tells amusing stories] is loved by all.
→ [재미난 이야기를 들려주시는] 선생님은 모두에게 사랑받는다.

06 Where is the mirror which was on the dresser?   *dresser 화장대
→

07 The girl who is leading the parade is my best friend.   *parade 행진
→

08 He likes movies which have a famous soundtrack.   *soundtrack 영화음악
→

09 My brother became an architect who designs skyscrapers.   *skyscraper 고층 건물
→

10 We don't know the person who donated this money to us.
→

Guide ✔ 관계대명사절은 문장의 주어, 목적어, 보어를 수식한다.

03 hire 고용하다 major in ~을 전공하다 economics 경제학 cf. economic 경제의 **04** destroy 파괴하다 rebuild(-rebuilt-rebuilt) 다시 짓다. 재건하다
05 apply for (수업 등에) 신청[지원]하다 **09** architect 건축가 cf. architecture 건축 (양식) **10** donate 기부[기증]하다

> a. ⑧ 문장의 주어에 밑줄 긋고 주어를 적절한 관계대명사로 바꾸세요.
> b. ④, ⑧ 두 문장을 적절한 관계대명사를 이용하여 한 문장으로 쓰세요.
> 〈보기〉 ④ I helped an elderly woman. + ⑧ She lost her bag. *who[that]*
> → *I helped an elderly woman who[that] lost her bag.*

11 ④ I've bought a bicycle. + ⑧ It was made in Germany.

→

12 ④ Last summer remains a good memory. + ⑧ It makes me happy.

→

13 ④ A beautiful lake is in my town. + ⑧ It gives people a place to relax.

→

고난도 **14** ④ The police caught the man. + ⑧ He stole a lot of money from a bank.

→

고난도 **15** ④ The customers wrote good reviews. + ⑧ They were well satisfied.

→

Guide ✔ 1. 선행사의 종류에 따라 적절한 관계대명사로 바꾼다.
2. 관계대명사절은 선행사 바로 뒤에 위치시킨다.

16 We should change the part <u>who</u> includes unclear information.

17 This is the airplane <u>which it</u> can carry 300 passengers.

18 He described Harry as a true friend <u>he is</u> like a life mentor.

고난도 **19** People who are lying <u>tends</u> to avoid direct eye contact.

고난도 **20** My friend enjoys the work <u>it</u> gives him a chance to be a leader.

Guide ✔ 관계대명사 who, which, that은 접속사이자 관계대명사절 내에서 주어 역할을 동시에 할 수 있다. 이때 관계대명사는 선행사의 종류에 따라 알맞은 것을 써야 하고 주어를 겹쳐 쓰지 않도록 해야 한다.

---

14 catch(-caught-caught) 잡다; 받다 steal(-stole-stolen) 훔치다 **15** satisfied 만족하는 **16** include 포함시키다 **17** carry 수용하다; 운반하다; 휴대하다 passenger 승객 **18** describe A as B A를 B라고 설명[묘사]하다 **19** tend to-v v하는 경향이 있다 direct 직접적인(↔ indirect 간접적인) **20** chance to-v v할 기회

목적격 관계대명사 who(m), which, that

알맞은 관계대명사 고르기 \ 다음 문장의 네모 안에서 어법상 알맞은 것을 고르세요. [각 4점] 내신 직결

01 A woman who / which we met last night teaches math.

02 The men whom / which I interviewed this afternoon are Americans.

03 This is the new device whom / which I invented for readers of e-books.

*e-book 전자책

04 Andy is talking to the girl whom / which I gave an invitation to this party.

05 I have just finished the essay who / which I promised to submit by tomorrow.

Guide ✔ 목적격 관계대명사 who(m)/which/that은 관계사절 내의 직접/간접목적어, to-v구의 목적어 등을 대신할 수 있다.

관계대명사절 이해하기 \ 다음 〈보기〉와 같이 각 문장을 a, b에 따라 답하세요. [각 6점]

> a. 관계대명사절을 [ ]로 표시하고 문장 전체를 해석하세요.
> b. 해석한 우리말 문장에서 관계대명사절에 해당하는 것을 [ ]로 표시하세요.
> 〈보기〉 I bought the painting 〔which the popular artist drew〕.
>   → 나는 〔그 인기 있는 예술가가 그린〕 그림을 샀다.

06 The manager who I saw yesterday was Adam.

→

07 I broke the flower vase that you left on the table.

→

08 The applicant whom I contacted will come by noon.

→

고난도 **09** That's the girl who I would like to recommend for the job.

→

고난도 **10** Could you hand me the letter which he sent you last week?

→

Guide ✔ 목적격 관계대명사가 이끄는 관계사대명사절은 문장 내의 명사, 즉 주어, 목적어, 보어를 수식한다.

다음 〈보기〉와 같이 각 문장을 a, b에 따라 답하세요. [각 6점] 내신 직결

> a. ⓑ 문장의 밑줄 친 목적어를 적절한 관계대명사로 바꾸세요.
> b. ⓐ, ⓑ 두 문장을 적절한 관계대명사를 이용하여 한 문장으로 쓰세요.
> 〈보기〉 ⓐ Have you drunk the coffee? + ⓑ I made it for you. *which[that]*
> → *Have you drunk the coffee which[that] I made for you?*

11 ⓐ The ornament is expensive. + ⓑ You are holding it. *ornament 장식품

→

12 ⓐ Did you lose the scarf? + ⓑ You borrowed it from me.

→

13 ⓐ The skirt will be delivered in 3 days. + ⓑ You ordered it yesterday.

→

고난도 **14** ⓐ I have some close friends. + ⓑ I can tell them all my secrets.

→

고난도 **15** ⓐ The scientist solved a problem. + ⓑ His colleagues failed to solve it.

→

> Guide ✔ 1. 선행사의 종류에 따라 적절한 관계대명사로 바꾼다.
> 2. 관계대명사절은 선행사 바로 뒤에 위치시킨다.

생략된 관계대명사 찾기 \ 다음 문장에서 관계대명사가 생략된 곳에 V 표시하고, 관계대명사절은 [ ]로 표시하세요. [각 4점]
내신 직결

16 What's the title of the song you are singing now?

17 The baking class I plan to take seems interesting.

18 On his profile, he posted the photo I took yesterday.

19 My family will stay at a hotel Andrew reserved for us.

고난도 **20** Great people we respect are also known for their great quotes. *quote 명언, 인용구

> Guide ✔ 선행사 뒤에 이를 수식하는 〈S′+V′ ~〉절이 바로 이어지면 그 사이에 목적격 관계대명사가 생략된 것이다.
> 〈선행사(+목적격 관계대명사)+S′+V′ ~〉

---

02 interview 면접(을 보다); 인터뷰[회견] 03 device 기기, 도구 invent 발명하다 04 invitation 초대(장) 05 promise 약속(하다) submit 제출하다(= hand in); 항복 [굴복]하다 08 applicant 지원자 contact 연락(하다), 접촉(하다) 09 recommend 추천하다 10 hand IO DO IO에게 DO를 건네주다 13 deliver 배달하다; (강연을) 하다 15 colleague 동료 18 profile 프로필; (얼굴의) 옆모습 post 게시하다 19 reserve 예약하다; 남겨두다 20 respect 존경하다 be known for ~로 유명하다

관계대명사 whose

관계대명사 이해하기 \ 다음 〈보기〉와 같이 각 문장을 a, b에 따라 답하세요. [각 9점]

> a. 관계대명사절을 [ ]로 표시하고 문장 전체를 해석하세요.
> b. 해석한 우리말 문장에서 관계대명사절에 해당하는 것을 [ ]로 표시하세요.
> 〈보기〉 I know the woman 〔whose hair is blonde〕.
>   → 나는 〔머리가 금발인〕 여자를 안다.

01 This is the motorcycle whose engine broke down.

*break down 고장 나다

→

02 An old lady whose husband died recently will move there.

→

03 Seoul is a city whose population is about 10 million.

*population 인구; 개체 수

→

04 Many people prefer food whose ingredients are organic.

*ingredient 재료

→

고난도 **05** All customers whose addresses have changed should update their information.

→

Guide ✔ 관계대명사 whose는 절을 이끄는 접속사의 역할과 동시에 바로 뒤에 나오는 명사가 선행사의 '소유'임을 나타내는 역할을 한다.

01 motorcycle 오토바이 engine 엔진, 발동기 02 recently 최근에 03 million 100만 04 organic 유기농의 05 address 주소; 다루다 update 갱신하다

06 Ⓐ A woman reported to the police. + Ⓑ Her car was stolen.

→

07 Ⓐ Cindy is the student. + Ⓑ Her handwriting is the best in my class.

→

08 Ⓐ They will compensate passengers. + Ⓑ Their flights are delayed.

*compensate 보상하다, 보상금을 주다

→

고난도 **09** Ⓐ I threw away the jigsaw puzzle. + Ⓑ I lost its piece by mistake. *jigsaw puzzle 조각 퍼즐

→

고난도 **10** Ⓐ Many bookstores sell the book. + Ⓑ My best friend drew its illustrations.

→

Guide ✔ 소유격 대명사를 관계대명사 whose로 바꾸고, 바로 뒤에 나오는 명사와 함께 선행사 뒤에 위치시킨다.
〈whose+명사〉는 주로 관계대명사절 내에서 주어나 동사의 목적어이다.

11 I reserved a hotel room its view many people recommended.

12 Most teachers praise students who writing includes their own thoughts.

13 Molly is a person that communication style is friendly and warm.

고난도 **14** She likes the author novel she is reading in her literature class.

고난도 **15** People tend to buy products whose their brand names are well known.

Guide ✔ 관계대명사 whose는 관계사절 내에서 바로 뒤에 나오는 명사를 꾸며주는 소유격의 역할을 한다. 이때 whose와 소유격 대명사를 겹쳐 쓰지 않도록 주의해야 한다.

---

06 report to the police 경찰에 신고하다 07 handwriting 손글씨, 필체 09 throw away 버리다 piece 조각, 부분 by mistake 실수로 10 illustration 삽화; 실례
12 praise 칭찬하다 14 author 작가 literature 문학 well known 잘[많이] 알려진, 유명한

관계대명사 이해하기 \ 다음 〈보기〉와 같이 각 문장을 a, b에 따라 답하세요. [각 10점]

> a. 관계대명사절을 [ ]로 표시하고 문장 전체를 해석하세요.
> b. 해석한 우리말 문장에서 관계대명사절에 해당하는 것을 [ ]로 표시하세요.
> 〈보기〉 That's the person 〔to whom I submitted my résumé〕.
>   → 저 사람이 〔내가 이력서를 제출한〕 사람이다.

01 Experience is a school from which you can never graduate.

→

02 We couldn't attend the ceremony which we were invited to.

→

03 The resort in which I stayed last night was very comfortable.

→

고난도 **04** The customer whom a pizza was wrongly delivered to made a complaint.

→

*make a complaint 항의하다

Guide ✓ 전치사의 목적어로 관계대명사가 쓰일 경우, 다음과 같은 어순이 가능하다.
1. 〈선행사(+관계대명사)+S′+V′ ~+전치사〉: 이때 관계대명사는 생략 가능
2. 〈선행사+전치사+관계대명사+S′+V′ ~〉: 이때 관계대명사는 생략 불가능

문장 오류 고치기 \ 다음 문장의 밑줄 친 부분을 바르게 고쳐 쓰세요. [각 4점] 수능 직결

05 Julie sent the items for whom her client asked.

06 The girl whom with I competed made a big mistake.

고난도 **07** I am waiting for the moment at I will receive a job offer.

고난도 **08** She is the author of the book on that the movie is based.

고난도 **09** Sarah is a good doctor whom I found positive reviews about her.

Guide ✓ 전치사의 위치와 전치사의 목적어로 쓰일 수 있는 관계사를 알아두고, 관계대명사와 전치사의 목적어를 겹쳐 쓰지 않도록 한다.

10   Ⓐ Most farms have a pond. + Ⓑ Cattle can drink from it.

→ Most farms have a pond _____ cattle can drink _____ .

→ Most farms have a pond _____ _____ cattle can drink.

11   Ⓐ I have some people. + Ⓑ I would like to spend more time with them.

→ I have some people _____ I would like to spend more time _____ .

→ I have some people _____ _____ I would like to spend more time.

12   Ⓐ The festival was fascinating. + Ⓑ I went to it last night.

→ The festival _____ I went _____ last night was fascinating.

→ The festival _____ _____ I went last night was fascinating.

13   Ⓐ Which one is the novel? + Ⓑ You told me about it.

→ Which one is the novel _____ you told me _____ ?

→ Which one is the novel _____ _____ you told me?

14   Ⓐ The person was my brother. + Ⓑ I spoke to him on the phone.

→ The person _____ I spoke _____ on the phone was my brother.

→ The person _____ _____ I spoke on the phone was my brother.

Guide ✔   • 〈선행사(+관계대명사)+S'+V' ~+전치사〉: 이때 관계대명사는 which, who(m) 외에 that도 가능하고 생략도 가능
      • 〈선행사+전치사+관계대명사+S'+V' ~〉: 이때 관계대명사는 that이 불가능하고 생략도 불가능

---

01 graduate from ~을 졸업하다   **02** attend 참석하다; 주의를 기울이다   **03** comfortable 편안한   **04** customer 고객(= client)   wrongly 잘못하여, 그릇되게
06 compete with ~와 경쟁하다   **07** job offer 입사 제안   **08** be based on ~을 바탕으로 하다; ~에 기초하다   **10** pond 연못   cattle ((복수로 취급)) 소
12 fascinating 매혹적인, 매력적인

관계부사 when, where, why, how

점수 / 100

관계부사 쓰기 \ 다음 문장에서 관계부사로 바꿔 쓸 수 있는 부분에 밑줄 긋고 적절한 관계부사를 쓰세요. [각 4점] 내신 직결

01 I suggest changing the way in which we have worked.

02 The reason for which I am visiting you is to ask you a favor.

03 This is the park in which my brother and I used to play soccer.

04 Do you remember the vacation during which we went to Europe?

05 The cafe at which we had teatime was near the department store.

> **Guide** ✔ 장소, 시간, 이유, 방법을 의미하는 부사구 대신 관계부사를 사용할 수 있다.

생략된 관계부사 찾기 \ 다음 문장에서 생략된 것이 있는 곳에 ∨ 표시하고 생략된 것을 쓰세요. [각 4점] 내신 직결

06 The day people say "trick or treat" is Halloween.

*trick or treat 과자를 안 주면 장난칠 테야 ((핼러윈 때 아이들이 집집마다 다니며 하는 말))

07 Do you know why the hair salon is closed today?

08 Kindergarten is where kids can learn social etiquette.

*etiquette 예절, 예의

09 I forgot when you came to my home for the first time.

고난도 **10** Her slow recovery indicates the reason building up physical strength is important.

*physical strength 체력

> **Guide** ✔ • 대표적인 선행사인 the time, the place, the reason 등은 생략될 수 있다.
> • 관계부사 when과 why는 선행사를 그대로 두고 자주 생략된다.

---

01 suggest v-ing v하는 것을 제안하다 02 ask A a favor A에게 부탁하다 03 used to v v하곤 했다 05 department store 백화점 08 kindergarten 유치원
social 사회의; 사회적인 10 recovery 회복; 되찾음 cf. recover 회복하다; 되찾다 indicate 보여주다, 나타내다 build up 쌓다, 증강하다

11 The day <u>on when</u> I feel like doing nothing is Saturday. *feel like v-ing v하고 싶어 하다

→

12 I want to have a front yard <u>when</u> I can play with my dog. *front yard 앞마당

→

13 I recalled the white Christmas <u>which</u> I first met you.

→

14 Please tell me the reason <u>where</u> you didn't say anything all day.

→

고난도 **15** Our math teacher showed us <u>the way how</u> we analyze the graph.

→

Guide ✔ 선행사의 종류에 따른 관계부사와 관계부사의 생략에 대해 잘 알아두자.

16 The city is cold all year round. + My grandparents live in that city.

→

17 September 16 is the day. + Mexico was liberated from Spain on that day.

→

18 She told me the reason. + She changed our appointment time for the reason.

→

고난도 **19** I like the way. + The storyteller describes her experiences in that way.

→

고난도 **20** The tall building is located in the city center. + My father works in that tall building.

→

Guide ✔ 〈전치사+명사〉구가 장소, 시간, 이유, 방법 중 무엇을 나타내는지에 따라 적절한 관계부사를 사용한다.
관계사절은 수식하는 선행사 바로 뒤에 위치함에 유의한다.

13 recall 회상(하다); 회수(하다) 15 analyze 분석하다 cf. analysis 분석 16 all year round 일 년 내내 17 liberate 해방시키다, 자유롭게 하다 cf. liberty 자유
18 appointment 약속; 임명, 지명 19 storyteller 작가, 이야기꾼 describe 묘사하다 20 be located in ~에 위치하다

P A R T 3

CHAPTER 10

관계사절 Ⅱ · 부사절

관계사절 용법 구별하기 \ 괄호 안에 주어진 관계대명사절을 빈칸에 넣어 문장을 완성하세요. (필요하면 콤마(,) 사용 가능) [각 6점]

내신 직결

〈보기〉 (which made his fans sad) → The singer delayed his concert , *which made his fans sad*.

01 (who has three sons)

→ Matilda _____ often needs a babysitter.

02 (that she has)

→ This purse is a lot cheaper than the one _____.

03 (who took Chris to the party)

→ The person _____ was Eric.

04 (whose jokes make me laugh)

→ I like Patrick _____.

05 (which is on the fifteenth floor)

→ His new apartment _____ has a fine view.

Guide ✓ • 〈콤마(,)+관계사절〉: 선행사가 가리키는 사람[것]이 이미 분명한 상황에서 선행사에 대한 설명을 덧붙이는 것이다.
• 콤마(,)가 없는 관계사절: 선행사가 가리킬 수 있는 사람[것]이 여럿일 수 있는 상황에서 그중 어느 사람[것]인지를 밝혀준다.

해석하기 \ 다음 문장을 밑줄 친 부분에 유의하여 알맞게 해석하세요. [각 6점]

06 Santa Claus, whom many children love, comes on Christmas Eve.

→

07 The cheese, which I kept in the refrigerator, is still fresh.

→

08 Carrot cake, which is my favorite food, has too many calories.　*calorie 열량, 칼로리

→

고난도 **09** My mom went to pick up my dad, whose car had broken down.　*pick up (차로) 데리러 가다

→

10 During a trip to India, I met an attractive man, who is my husband now.

→

Guide ✓ 콤마(,) 뒤 관계대명사절은 〈and, but, because 등+(대)명사〉로 해석한다. 선행사를 보충 설명하듯이 앞에서부터 차례대로 해석하면 된다.

〈보기〉　I like <u>my new phone</u>, which has a better battery.
　　　→ I like my new phone, *because it has a better battery.*

11　I tried to find a solution, which was impossible.

　　→ I tried to find a solution, _____ .

12　She prepared for the meeting, which is about a new project.

　　→ She prepared for the meeting, _____ .

13　He is always late for appointments, which makes me angry.

　　→ He is always late for appointments, _____ .

14　Passwords, which are personal information, shouldn't be revealed.

　　→ Passwords shouldn't be revealed, _____ .

고난도 15　Jason couldn't pass his driving test, which didn't surprise any of us.

　　→ Jason couldn't pass his driving test, _____ .

Guide ✔　• 콤마(,) 앞뒤의 의미 관계에 따라 and, but, because 중 적절한 접속사를 사용한다.
　　　　　　• 콤마(,) 뒤 관계대명사 which는 앞에 나온 (대)명사, 구, 절을 모두 선행사로 취할 수 있다.

---

04 make O v O가 v하도록 하다　**05** view 전망; 관점; 여기다, 보다　**07** refrigerator 냉장고(= fridge)　**09** break down 고장 나다　**10** attractive 매력적인
11 impossible 불가능한(↔ possible 가능한)　**13** appointment 약속; 임명　**14** personal information 개인 정보　reveal 누설하다; 드러내다(↔ conceal 감추다)
15 surprise 놀라게 하다; 놀라움

콤마(,) 뒤의 관계부사절

관계사절 용법 파악하기 \ 괄호 안에 주어진 관계부사절을 빈칸에 넣어 문장을 완성하세요. (필요하면 콤마(,) 사용 가능) [각 6점]

내신 직결

〈보기〉 (when I had lots of time to play) → I can remember my childhood *, when I had lots of time to play.*

01 (where we had breakfast)

→ We arrived at Incheon airport _____.

02 (when the singer releases her new album)

→ Tomorrow is the day _____.

03 (where they couldn't find anything wrong)

→ Investigators inspected his factory _____.

04 (when there was a pandemic)   *pandemic 유행병

→ The tourism industry suffered losses in 2020 _____.

05 (where my sister had lost her wallet)

→ We went back to the place _____.

Guide ✔ 선행사를 수식하는 관계부사절: 선행사에 대한 구체적인 정보 제공 / 콤마(,) 뒤에 나오는 관계부사절: 선행사에 대한 부가 설명 제공

해석하기 \ 다음 문장을 밑줄 친 부분에 유의하여 알맞게 해석하세요. [각 6점]

06 Tomorrow is Black Friday, <u>when many stores offer discounts.</u>

→   *Black Friday 블랙프라이데이 ((1년 중 가장 큰 폭의 할인시즌이 시작되는 날))

07 My friend and I visited Buckingham Palace, <u>where the royal family lives.</u>

→   *Buckingham Palace 버킹엄 궁전

08 The conference will take place in New York City, <u>where my cousin works.</u>

→   *conference 학회, 회의

09 I will get married in February, <u>when my brother can't attend my wedding.</u>

→

10 My parents look forward to New Year's Day, <u>when all family members gather.</u>

→   *New Year's Day 신정, 설날

Guide ✔ 콤마(,) 뒤 관계부사절은 선행사를 보충 설명하듯 앞에서부터 차례대로 해석한다.

〈보기〉 His office is on <u>the third floor</u>, where many law firms are.

→ His office is on the third floor, *and many law firms are on that floor.*

11 I met Peter last Sunday, when we stopped by the library together.

→ I met Peter last Sunday, _____

_____ .

12 Reina loves being in Paris, where there are many art galleries.

→ Reina loves being in Paris, _____

_____ .

고난도 **13** The orientation program started at 2 p.m., when I got stuck in traffic.

→ The orientation program started at 2 p.m., _____

_____ .

14 Sora wants to live in her hometown, where she can enjoy the fresh air.

→ Sora wants to live in her hometown, _____

_____ .

고난도 **15** His daughter likes spring, when cherry blossoms are in full bloom.

→ His daughter likes spring, _____

_____ .

Guide ✔ 콤마 앞뒤의 의미 관계에 따라 and, but, because 중 적절한 접속사와 부사구를 사용한다.

---

02 release 발매하다; 풀어주다 **03** investigator 조사관, 수사관 *cf.* investigate 조사하다 inspect 점검[검사]하다 **04** tourism 관광(업) industry 산업 suffer loss 손실을 보다[겪다] **07** royal 왕실의 **08** take place 개최되다 **10** look forward to A A를 학수고대하다 gather 모이다; 모으다 **11** stop by (~에) 잠깐 들르다 **12** art gallery 미술관 **13** orientation 오리엔테이션, 예비 교육; 방향 get stuck in traffic 교통 체증에 갇히다 **14** hometown 고향 **15** cherry blossom ((주로 복수형)) 벚꽃 be in full bloom 만개하다 *cf.* bloom 꽃이 피다; 번영하다; 꽃

관계대명사 what

what절 해석하기&역할 파악하기 \ What[what]이 이끄는 절에 밑줄 긋고 밑줄 친 부분을 해석한 뒤, 주어(S), 목적어(O), 보어 (C) 중 어느 것인지 ✔ 표시하세요. [각 6점] 내신 직결

01 That's exactly what I had in mind.

→   ☐ S   ☐ O   ☐ C

02 What makes you look beautiful is your smile.

→   ☐ S   ☐ O   ☐ C

03 The police wrote down what the man described about the thief.

→   ☐ S   ☐ O   ☐ C

04 What's bothering me right now is his loud and angry voice.

→   ☐ S   ☐ O   ☐ C

고난도 **05** Never put off till tomorrow what can be done today.

→   ☐ S   ☐ O   ☐ C

Guide ✔ 관계대명사 what절은 '~하는 것(들)'로 해석되고 문장에서 주어, 목적어, 보어로 쓰인다.

what절 쓰기 \ 다음 문장을 관계대명사 What[what]을 이용한 문장으로 바꿔 쓰세요. [각 5점] 내신 직결

06 This report is the thing that I'd like to talk about.

→

07 I can't believe the things which I'm hearing.

→

08 The thing that Leo is experiencing is not his fault.

→

09 I tried to figure out the things that my client wanted.

→

10 The thing which he is looking for is the answer to this question.

→

Guide ✔ the thing(s) which[that] = 관계대명사 what

11 That / What makes me happy is making others happy.

12 The subjects that / what I'm interested in are chemistry and biology.

13 Sometimes people can misunderstand which / what you meant to say.

고난도 **14** I have a serious problem that / what makes me stay awake at night.

고난도 **15** The thing which / what is learned in the cradle lasts to the grave. *cradle 요람, 아기 침대

> **Guide** ✔ what은 선행사를 포함하고 있으므로 선행사가 있으면 that/which, 그렇지 않으면 what의 자리이다.

16 내가 어젯밤 먹었던 것이 내게 복통을 유발하였다. [6점]

(gave, I, last night, a stomachache, what, ate, me)

→

17 승자들은 패자들이 하고 싶지 않아 하는 것을 한다. [6점]

(want, do, what, don't, winners, losers, to do)

→

18 교수님께서 그 학생이 에세이에서 언급한 것에 깊은 인상을 받으셨다. [6점]

(the student, in her essay, the professor, what, mentioned, was impressed by)

→

고난도 **19** 동기부여는 학생들이 스스로 공부하도록 이끄는 것이다. [7점]

(leads, what, is, by themselves, to study, students, motivation) *motivation 동기부여

→

> **Guide** ✔ 1. 우리말을 통해 '~하는 것'이라 해석되는 관계대명사 what절을 먼저 완성한다.
> 2. what절이 문장 내에서 어떤 역할을 하는지 파악한 후 나머지를 배열한다.

01 have A in mind A를 생각하다[염두에 두다] 03 describe 묘사하다 thief ((복수형 thieves)) 도둑 04 bother 괴롭히다 05 put off 미루다, 연기하다(= postpone, delay) (un)till ~까지 08 fault 잘못; 결점 09 try to-v v하려고 노력하다 figure out 알아내다, 생각해 내다 10 look for 찾다, 구하다 12 subject 과목; 주제 chemistry 화학 biology 생물학 13 misunderstand 오해하다 mean to-v v할 의도이다 14 stay awake 깨어 있다 15 last 지속하다; 마지막의 grave 무덤, 묘 16 stomachache 복통 18 professor 교수 mention 언급하다, 말하다 be impressed by ~에 깊은 인상을 받다 19 lead O to-v O가 v하도록 이끌다 by oneself 스스로, 혼자

시간/조건의 부사절

해석하기 \ 다음 문장의 밑줄 친 부사절을 알맞게 해석하세요. [각 4점]

01 Don't open that gift box <u>until I arrive home</u>.

→

02 <u>While I was jogging in the park</u>, I met my classmate.

→

03 <u>After she finished her household chores</u>, my sister went out for a walk.

*household chores 집안일

→

04 <u>As soon as he was left alone</u>, the boy began to cry.

→

05 It has been ten years <u>since she moved to London</u>.

→

Guide ✔ 각 부사절을 이끄는 접속사의 의미에 유의하여 해석한다.

---

if 부사절 vs. if 명사절 \ 다음 문장의 밑줄 친 부분을 알맞게 해석하고, 부사절, 명사절 중 어느 것인지 ✔ 표시하세요. [각 4점]

06 I will buy the television <u>if it has a big screen</u>.

→ ☐ 부사절 ☐ 명사절

07 I don't know <u>if he can complete the work on time</u>.

*on time 제시간에

→ ☐ 부사절 ☐ 명사절

08 <u>If you need my help</u>, please feel free to contact me.

*feel free to-v 마음 편히 v하다

→ ☐ 부사절 ☐ 명사절

09 How do I find out <u>if the library has a particular book</u>?

*particular 특정한; 특별한

→ ☐ 부사절 ☐ 명사절

10 <u>If the writing needs to be changed</u>, please let me know immediately.

→ ☐ 부사절 ☐ 명사절

Guide ✔ if 부사절: 만약 ~라면 / if 명사절: ~인지 아닌지

11 I will stay home until they will come / come and pick me up.

12 He will forgive you when you apologize / will apologize to him.

고난도 **13** Unless / If / Since we all cooperate, this festival can't be held.

14 I usually feed the neighbor's cat during / while she's away.

고난도 **15** If / Unless / Until you can't fall asleep, try drinking some warm milk.

Guide ✔ • 문맥에 따라 알맞은 접속사를 찾는다.
　　　　• 시간과 조건의 부사절에서는 현재시제로 미래를 나타낸다.

알맞은 접속사 고르기&해석하기 \ 다음 〈보기〉에서 알맞은 접속사를 골라 빈칸에 쓰고 문장을 해석하세요. (한 번씩만 쓸 것) [각 8점]

〈보기〉	as	if	unless	since	before

16 _____ autumn comes, the leaves begin to change colors. *autumn 가을

→

17 I will attend the party _____ I have to work late.

→

18 Wash your hands first _____ you have your dinner.

→

19 _____ you practice the guitar hard, you will be able to play this song someday.

→

고난도 **20** My tennis skills have improved greatly _____ the new coach joined my team.

→

Guide ✔ 주절과 부사절의 의미 관계를 파악하여 적절한 접속사를 선택한다.

---

02 jog 조깅하다　03 go out for a walk 산책하러 가다　04 alone 홀로, 혼자　07 complete 끝마치다; 완성된　10 immediately 즉시　12 forgive(-forgave -forgiven) 용서하다　apologize 사과하다　13 cooperate 협력[합동]하다　14 feed 먹이를 주다　neighbo(u)r 이웃　15 try v-ing 시험 삼아 그냥[한번] v해 보다　20 improve 향상[개선]되다; 향상시키다　greatly 매우, 크게, 위대하게

해석하기 │ 다음 문장을 밑줄 친 부사절에 유의하여 알맞게 해석하세요. [각 4점]

01 <u>Since today is Sunday</u>, let's stay at home and rest.
　　*rest 휴식을 취하다
→

02 I will eat out with Jenny <u>as it is her birthday today</u>.
　　*eat out 외식하다
→

03 My teacher is <u>so</u> considerate <u>that</u> every student likes him.
→

04 My brother has been in the hospital <u>since he injured his leg</u>.
　　*be in (the) hospital 입원해 있다
→

05 Leave early in the morning <u>so that</u> you won't miss the train.
→

06 <u>As there was a big storm last week</u>, all the schools were closed.
→

07 Everyone works hard, <u>so that</u> the work will be finished ahead of schedule.
　　*ahead of schedule 예정보다 먼저
→

08 <u>As we walked together</u>, we talked about our plans for this weekend.
→

09 Would you turn up the volume <u>so that</u> we can hear the music better?
→

고난도 **10** That was <u>such</u> an embarrassing situation <u>that</u> I want to completely forget about it.
→

Guide ✔ · since와 as는 여러 의미가 있으므로 문맥에 알맞게 해석하자.
　　· 목적이나 결과를 나타내는 접속사는 그 형태가 비슷하므로 해석에 주의하자.

11 I worked out so / such / too hard that I got muscle pain.

12 I take vitamin C every day if / while / so my skin can become healthier.

13 So / Until / Since we lost the game, we could't qualify for the final.

14 This is such an emotional moment that / as / if I can't explain it in words.

15 As / After / Until the sun is very bright today, you need to put on sunglasses.

Guide ✔ 각 접속사의 의미를 알고 문맥에 따라 적절한 접속사를 고른다.

배열 영작 \ 다음 우리말과 일치하도록 괄호 안에 주어진 어구를 순서대로 배열하세요. (하나의 단어를 제외할 것) [각 7점] 내신 직결

16 그녀의 우승은 매우 반가운 소식이라서 그녀의 모든 가족은 눈물을 흘렸다.

(exciting, that, so, news, such)

→ Her victory was _____ all her family were in tears.

17 우리의 분석이 곧 평가받을 것이기 때문에 우리는 긴장하고 있다.

(be, will, so, our analysis, as, evaluated)

→ We are nervous _____ soon.

18 그의 이론은 너무 어려워서 몇몇 학생들은 그것을 공부하기를 포기한다.

(some students, so, that, give up, such, difficult)

→ His theory is _____ studying it.

고난도 **19** 내 친구는 로봇 공학 기술자가 되기 위하여 물리학을 열심히 공부한다.

(because, become, that, he, a robotics engineer, can, so)

→ My friend studies physics hard _____.

고난도 **20** 그의 남동생이 많은 소음을 내고 있었기 때문에 그는 독서에 집중할 수 없었다.

(his brother, a lot of noise, because, was making, such)

→ He couldn't focus on reading _____.

Guide ✔ 각 접속사의 의미와 형태에 주의한다.

03 considerate 사려 깊은 04 injure 다치게 하다 06 storm 폭풍(우) 09 turn up (소리 · 온도 등을) 올리다; 나타나다 10 embarrassing 당황스러운 completely 완전히 11 work out 운동하다 muscle pain 근육통 13 qualify for ~의 자격을 얻다 14 emotional 감정적인 15 put on ~을 쓰다[바르다, 입다] 16 victory 우승, 승리 be in tears 눈물을 흘리다 17 analysis 분석 evaluate 평가[감정]하다 18 give up v-ing v하기를 포기하다 theory 이론 19 robotics 로봇 공학 engineer 기술자, 기사, 공학자 physics 물리학 20 noise 소음, 소리; 잡음

해석하기 **다음 문장을 밑줄 친 부사절에 유의하여 알맞게 해석하세요.** [각 20점]

01 <u>Although days in the desert are hot</u>, nights are cold.

→

02 <u>While he enjoys outdoor activities</u>, his wife prefers to stay home.

→

03 <u>Though it is very small</u>, the museum is worth a visit. *be worth a visit 가볼 만하다

→

04 <u>While her father was preparing dinner</u>, she cleaned the house.

→

05 <u>Even though he has no working experience</u>, the man is a promising candidate.

→ *promising 유망한

| Guide ✔ | • (even) though, although: 비록 ~이지만, ~에도 불구하고 |
| | • while: ① ~하는 동안에 ② ~인 반면에 (= whereas) |

---

01 desert [dézərt] 사막; [dizə́ːrt] 버리다　05 working experience 근무 경력[경험]　candidate 지원자

MEMO

PART

4

주요 구문

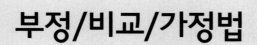
부정/비교/가정법

부정 vs. 긍정 다음 문장의 네모 안에서 어법상 알맞은 것을 고르고 문장 전체를 해석하세요. [각 6점] 내신 직결

01 David has little / a little time to exercise because he is busy.

→

02 After this lake dried up, there are few / a few tourists these days. *dry up 바싹 마르다

→

03 She spoke little / a little Korean, so we could communicate with her.

→

04 Although she is very shy, Lily has few / a few friends at school.

→

05 John isn't good at solving puzzles because he has little / a little patience.

→

Guide ✔ few와 little은 '거의 없는'이라는 부정적인 의미 / a few, a little은 '조금 있는'이라는 긍정적인 의미

해석하기 다음 문장을 밑줄 친 부분에 유의하여 알맞게 해석하세요. [각 4점]

06 It was so dark that Vicky could <u>scarcely</u> see him.

→

07 It is <u>far from</u> clear that he wants to be here.

→

08 My sister always works late, so we <u>seldom</u> have dinner together.

→

09 I finally proved that his calculation was <u>anything but</u> correct. *calculation 계산

→

고난도 **10** The girl couldn't pay for the bread because she did<u>n't</u> have any money <u>at all</u>.

→

Guide ✔ 부정을 나타내는 어구의 종류와 의미를 잘 숙지하여야 한다.

03 communicate 의사소통하다 05 patience 인내(심) *cf.* patient 인내심 있는 09 prove 증명[입증]하다 10 pay for ~의 값을 지불하다

다음 문장의 의미를 가장 잘 나타낸 것을 고르세요. [각 4점]

11 What you believe is not always the truth.

ⓐ 네가 믿는 것은 항상 진리가 아니다.   ⓑ 네가 믿는 것이 진리가 아닐 때도 있다.

12 Gary can't afford a university education at all.

ⓐ 개리가 대학 교육비 중 일부는 내지 못한다.   ⓑ 개리는 대학 교육비를 전혀 감당할 수 없다.

13 The strong criticism is not necessarily beneficial to the children.

ⓐ 강한 비판은 아이들에게 결코 이롭지 않다.   ⓑ 강한 비판이 아이들에게 이롭지 않을 수도 있다.

14 I asked two people the way, but neither of them answered me.

ⓐ 나는 두 사람에게 길을 물었는데, 두 명 모두 대답해 주지 않았다.

ⓑ 나는 두 사람에게 길을 물었는데, 둘 중 하나가 대답해 주었다.

15 The final exam was easy, but not all of the students passed it.

ⓐ 기말고사는 쉬웠지만, 그것을 통과하지 못한 학생들도 있었다.

ⓑ 기말고사는 쉬웠지만, 어느 누구도 그것을 통과하지 못했다.

Guide ✔ 모두를 부정하는 '전체 부정' 표현과 문장의 일부만 부정하고 일부는 긍정하는 '부분 부정' 표현을 구분하여야 한다.

배열 영작 **다음 우리말과 일치하도록 〈보기〉에서 알맞은 표현을 골라 괄호 안의 어구와 함께 순서대로 배열하세요. (〈보기〉는 한 번씩만 사용할 것)** [각 6점] **내신 직결**

〈보기〉 not necessarily	little	none	not ~ at all	few

16 이 아이디어들은 전부 샘의 것이었다. 그것들 중 어떤 것도 내 것이 아니었다. (me, belonged, of, to, them)

→ These ideas were all Sam's. _____.

17 완벽하게 모국어의 문법을 설명할 수 있는 사람은 거의 없다. (explain, can, the grammar, people)

→ _____ of their native language perfectly.

18 불은 너무 빠르게 퍼져서 탈출할 시간이 거의 없다. (escape, time, there, to, is)

→ Fire spreads so fast that _____.

19 태풍에 의해 도시가 피해를 받았지만, 내 집은 전혀 영향을 받지 않았다. (my house, affected, was)

→ The city was damaged by the typhoon, but _____

_____.

고난도 20 앞줄의 좌석이 반드시 가장 좋은 것은 아니다. (are, the best ones, in the front row)

→ Seats _____.

---

12 afford (~할, 살) 형편[여유]이 되다 **13** criticism 비판; 비평 beneficial 이로운, 유익한 **16** belong to A A의 것이다, A에 속하다 **17** native language 모국어 (= mother tongue) **18** escape 탈출하다, 달아나다 spread 퍼지다; 펼치다 **19** affect 영향을 미치다 damage 피해(를 입히다), 손상(을 주다) typhoon 태풍 **20** row (좌석) 줄

해석하기   다음 문장을 알맞게 해석하세요. [각 2점]

01   The Great Pyramid is as famous as the Great Wall.   *the Great Wall 만리장성

→

02   Before contests, Jack feels as nervous as me.

→

03   I arrived at the station as early as she did.

→

04   The film was as successful as its original novel.   *original 원작의, 최초의

→

05   The amusement park is still as crowded as it was yesterday.   *amusement park 놀이공원

→

Guide   〈A as 형용사/부사 as B〉: A는 B(가 ~한) 만큼 ~한/하게

어법 판단하기   다음 밑줄 친 부분이 어법상 옳으면 ○, 틀리면 ✕로 표시하고 바르게 고치세요. [각 2점]   내신 직결

06   I can read books as fast as Kyle <u>is</u>.

07   David's house is big, but it isn't as beautiful as <u>me</u>.

08   The hotel we saw in downtown was as large as <u>this one</u>.

09   This game doesn't seem as interesting as <u>the chess game</u>.

고난도 **10**   Keeping your brain healthy is as important as <u>to keep</u> your heart healthy.

Guide   〈A as 원급 as B〉의 원급 비교구문에서 비교되는 A, B는 서로 비교될 수 있는 종류와 형태여야 한다.

02 contest 대회, 시합 nervous 긴장한, 불안해하는 04 successful 성공적인 05 crowded 붐비는, 복잡한 08 downtown 시내, 변화가 10 keep O C O를 C로 유지하다 healthy 건강한, 건강에 좋은

다음 〈보기〉를 참고하여 빈칸에 각 형용사/부사의 비교급과 최상급을 쓰세요. [빈칸 당 0.5점]

	원급	비교급	최상급	규칙 변화	
				〈보기〉	
a.	kind	kinder	kindest	대부분의 짧은 형용사/부사	+-er/-est
b.	large	larger	largest	-e로 끝나는 짧은 형용사	+-r/-st
c.	hot	hotter	hottest	모음 1개+자음 1개로 끝나는 짧은 형용사	자음+-er/-est
d.	busy	busier	busiest	자음+-y (2음절 이하)	y → i+-er/-est
e.	beautiful quietly	more beautiful more quietly	most beautiful most quietly	대부분의 긴 형용사 대부분의 부사 (3음절 이상)	more/most+

ⓘ **주의** early-earlier-earliest(형용사/부사 모두 동일하게 변화)

번호	원급	비교급	최상급
11	fast		
12	easy		
13	useful		
14	near		
15	slowly		
16	strong		
17	*many, much		
18	*little(양이 적은)		
19	fat		
20	dry		
21	tall		
22	fluently		
23	*bad(나쁜), ill(아픈)		
24	thin		
25	wise		
26	long		
27	funny		
28	fine		
29	hard		
30	young		

번호	원급	비교급	최상급
31	pretty		
32	great		
33	*far(먼)		
34	happy		
35	big		
36	wide		
37	carefully		
38	fresh		
39	high		
40	*old		
41	cold		
42	enjoyable		
43	*good(좋은), well(잘)		
44	powerful		
45	heavy		
46	clearly		
47	specific		
48	safe		
49	late(늦은)		
50	helpful		

Guide ✔ 형용사/부사를 비교급과 최상급으로 쓸 때, 대부분의 경우 적용되는 변화 규칙이 있으며, *불규칙 변화의 경우 암기하도록 한다.

51 I didn't know she was (wise) _____ than me.

52 The team's defense is (strong) _____ than their offense.

53 This new suitcase is (heavy) _____ than the old one.

54 Children tend to recover from illness (easily) _____ than adults.

Guide ✔ 각 형용사/부사의 비교급 형태를 숙지한다.

55 Too much is (bad) _____ than nothing.

56 Today's weather is (good) _____ than yesterday's.

57 Jimmy was lighter than I. But now, he weighs (much) _____ than I.

58 I spent (little) _____ money this year than I did last year.

Guide ✔ 형용사/부사 중 불규칙으로 변하는 비교급 형태에 주의한다.

59 Bicycles are usually not as expensive as cars.

→

60 His team completed the mission more quickly than ours did.   *mission 임무

→

61 Don't swim at this beach. The water is as cold as ice.

→

고난도 **62** Jennifer's advice sounds much more useful than mine.

→

고난도 **63** Listening is more important than talking for effective communication.

→

Guide ✔ 원급 비교와 비교급 비교를 구분하여 알맞게 해석한다.

64 His brother is not <u>so</u> brave as he is.

65 This ladder is longer <u>as</u> the other ones.

66 Recycled paper is <u>a lot</u> more economical than new paper.

67 Tomorrow's meeting will be <u>more busier</u> than today's meeting.

고난도 **68** Smartphones are <u>very</u> more convenient than laptops for me.

> Guide ✔ · 원급과 비교급의 형태에 유의한다.
> · 비교급 앞에 잘 쓰이는 부사들을 알아둔다.

69 이번 여름은 지난여름보다 더 건조한 것 같다. (last summer, dry) [2점]

→ This summer seems _____ _____ _____ _____ .

70 내 남동생은 그의 친구들보다 훨씬 더 크다. (tall, still, his friends) [2점]

→ My little brother is _____ _____ _____ _____ _____ .

71 러시아워 동안, 지하철은 택시보다 훨씬 더 빠르다. (a taxi, much, fast) [2점]   *rush hour 러시아워, 혼잡 시간대

→ During rush hour, the subway is _____ _____ _____ _____

_____ .

72 수지는 파리에서 유년 시절을 보냈다. 그녀는 나보다 더 유창하게 프랑스어를 말할 수 있다. (I, fluently) [3점]

→ Suji spent her youth in Paris. She can speak French _____ _____

_____ _____ .

고난도 **73** 그의 새로운 일은 이전 것들보다 조금 더 어렵다. (his old ones, difficult, a bit) [3점]

→ His new job is _____ _____ _____ _____ _____

_____ _____ _____ .

> Guide ✔ 비교급의 형태와 비교급과 잘 쓰이는 부사에 유의한다.

---

52 defense 수비진, 방어(↔ offense 공격진) **53** suitcase 여행 가방 **54** tend to-v v하는 경향이 있다 recover 회복하다 illness 병 **57** weight 무게가 ~나가다 **60** complete 완료하다; 완전한 **62** advice 조언, 충고 useful 유용한 **63** effective 효율적인 communication 의사소통 **65** ladder 사다리 **66** recycle 재활용하다 economical 경제적인, 알뜰한 **68** convenient 편리한 laptop 노트북[휴대용 컴퓨터] **72** fluently 유창하게 *cf.* fluent 유창한 youth 유년 시절; 젊음

UNIT 50 비교구문 Ⅱ

해석하기 \ 다음 문장을 밑줄 친 부분에 유의하여 알맞게 해석하세요. [각 4점]

01 Maria is <u>the most active person of all my friends</u>.

→

*active 활동적인

02 This museum has <u>the biggest diamond in the world</u>.

→

03 <u>The higher</u> the airplane is, <u>the less</u> air there is.

→

04 After a good training course, his football skills got <u>better and better</u>.

→

05 Please come home <u>as early as possible</u> and help me prepare for the party.

→

Guide ✔ 최상급을 표현하는 다양한 형태의 구문을 잘 익혀두고 원급과 비교급을 이용한 관용표현의 의미와 형태를 잘 알아두도록 하자.

문장 전환 \ 다음 주어진 문장과 같은 의미가 되도록 괄호 안의 어구를 활용하여 빈칸을 완성하세요. [각 6점] ◀ **내신 직결**

06 No other student in Mr. Brown's class is as diligent as James.

= No other student in Mr. Brown's class is ＿＿＿＿＿ ＿＿＿＿＿ than James. (more)

= James is ＿＿＿＿＿ ＿＿＿＿＿ ＿＿＿＿＿ ＿＿＿＿＿ in Mr. Brown's class. (most)

07 No other painting in this museum is more beautiful than her painting.

= No other painting in this museum is ＿＿＿＿＿ ＿＿＿＿＿ ＿＿＿＿＿ her painting. (as)

= Her painting is ＿＿＿＿＿ ＿＿＿＿＿ ＿＿＿＿＿ of all the paintings in this museum. (most)

08 Nobody can explain this theory as specifically as my professor.

= Nobody can explain this theory ＿＿＿＿＿ ＿＿＿＿＿ ＿＿＿＿＿ my professor. (than)

= My professor can explain this theory ＿＿＿＿＿ ＿＿＿＿＿. (most)

09 Quality is the most important element when I buy clothes.

= No other element is ＿＿＿＿＿ ＿＿＿＿＿ ＿＿＿＿＿ quality when I buy clothes. (as)

= No other element is ＿＿＿＿＿ ＿＿＿＿＿ ＿＿＿＿＿ quality when I buy clothes. (than)

10 The waterfall is the most wonderful tourist attraction on this island.

= No other tourist attraction is ＿＿＿＿＿ ＿＿＿＿＿ ＿＿＿＿＿ the waterfall on this island. (as)

= No other tourist attraction is ＿＿＿＿＿ ＿＿＿＿＿ ＿＿＿＿＿ the waterfall on this island. (more)

Guide ✔ 〈A … the 최상급〉 = 〈부정어 … as[so] 원급 as A〉 = 〈부정어 … 비교급 than A〉 = 〈A 비교급 than any other ～〉

조건 영작 　다음 우리말과 일치하도록 괄호 안의 어구를 활용하여 영작하세요. (필요하면 어형 변화 및 단어 추가 가능) [각 6점]

11 우리 할아버지는 이 마라톤에서 가장 나이가 많은 주자이시다. (this marathon, runner, old, in)

→ My grandfather is ＿＿＿＿＿ ＿＿＿＿＿ ＿＿＿＿＿

＿＿＿＿＿ ＿＿＿＿＿.

12 한국 문화는 다른 나라들에서 점점 더 인기 있어지고 있다. (popular, and)

→ Korean culture is becoming ＿＿＿＿＿ ＿＿＿＿＿

＿＿＿＿＿ in other countries.

13 건강한 삶을 사는 것만큼 소중한 것은 없다. (living, as, a healthy life, precious)

→ Nothing is ＿＿＿＿＿ ＿＿＿＿＿ ＿＿＿＿＿ ＿＿＿＿＿

＿＿＿＿＿ ＿＿＿＿＿ ＿＿＿＿＿.

고난도 **14** 그녀의 삼촌은 지금까지 내가 만나 본 중에 가장 재능 있는 예술가이시다.

(I, the, artist, have, talented, ever, met)

→ Her uncle is ＿＿＿＿＿ ＿＿＿＿＿ ＿＿＿＿＿ ＿＿＿＿＿

＿＿＿＿＿ ＿＿＿＿＿ ＿＿＿＿＿.

고난도 **15** 회사가 더 많은 돈을 벌수록, 그것은 더 많은 세금을 낼 것이다. (makes, money, the, a company, many)

→ ＿＿＿＿＿ ＿＿＿＿＿ ＿＿＿＿＿ ＿＿＿＿＿ ＿＿＿＿＿

＿＿＿＿＿, the more tax it will pay.

---

04 skill 기술; 능력 **06** diligent 성실한, 부지런한 **08** explain 설명하다 theory 이론, 학설 specifically 명확하게, 분명히 cf. specific 명확한, 분명한 professor 교수 **09** quality 품질; 우수함 element 요소, 성분 **10** waterfall 폭포 attraction (관광) 명소; 매력 **11** marathon 마라톤 **13** precious 소중한, 귀중한 **14** talented 재능 있는 cf. talent 재능 **15** tax 세금

다음 주어진 표를 보고 괄호 안의 단어를 활용하여 빈칸을 완성하세요. [각 5점] 내신 직결

	Trip to London	Trip to Sydney	Trip to Seattle
expensive?	💰💰💰💰💰💰	💰💰💰	💰💰💰💰
crowded?	👫👫👫👫👫	👫👫👫	👫👫👫👫
sunny?	☀	☀☀☀☀☀	☀☀☀
far?	✈✈✈✈✈	✈✈✈	✈✈✈✈

16 A trip to London is _____ _____ _____ a trip to Seattle.

(expensive)

17 Seattle is _____ _____ _____ Sydney. (crowded)

18 Sydney is _____ _____ city of the three cities. (sunny)

고난도 **19** No other city is _____ away than London. (far)

Guide ✔ 둘을 비교할 때는 원급이나 비교급을 사용한다. 셋 중에서 가장 정도가 심한 것을 표현할 때는 최상급을 사용하는데, 원급이나 비교급으로 최상급을 표현하는 것에 주의하자.

if절 이해하기 다음 문장의 밑줄 친 부분을 해석하고 밑줄 친 부분이 실제로 나타내는 때에 ✔ 표시하세요. [각 6점]

01 If you lived in Korea, I could meet you every week.

→ ☐ 과거 ☐ 현재

02 If it hadn't rained, my son could have gone on a picnic.

→ ☐ 과거 ☐ 현재

03 If I were a wizard, I would change the world into a better place.

→ ☐ 과거 ☐ 현재

04 If my student had listened to my advice, she would have saved time and effort.

→ ☐ 과거 ☐ 현재

가정법 동사 쓰기 다음 짧은 글을 읽고 괄호 안에 주어진 단어를 어법에 맞게 고쳐 쓰세요. [각 7점] **내신 직결**

05

Everyone is having so much fun in the water, and the weather is really hot today. If I (have) _____ a swimsuit or extra clothes, I (jump, will) _____ into the pool.

06

I didn't know my little sister was coming back to our hometown. If I (know) _____, I (prepare, can) _____ a welcome party.

07

Paul had lots of things to do last night, so he couldn't attend the family dinner. If he (not be) _____ busy last night, he (have, will) _____ dinner with his family.

고난도 **08**

I have to cancel my driving lesson because it has been snowing all day. If it (be) _____ sunny today, I (take, can) _____ my driving lesson.

Guide ✔ • 가정법 과거: If+S +동사 과거형/were ~, S+과거형 조동사+동사원형 ... (만약 S 가 ~라면 S가 ...할 텐데)
• 가정법 과거완료: If+S +had p.p. ~, S+과거형 조동사+have p.p. ... (만약 S 가 ~했더라면 S가 ...했을 텐데)

02 go on a picnic 소풍 가다 03 wizard 마법사 04 effort 노력, 수고 05 swimsuit 수영복 extra 여분의, 추가의 jump into ~에 뛰어들다 pool 수영장
06 hometown 고향 07 attend O O에 참석하다 08 cancel 취소하다 all day 하루 종일

09 만약 네가 짐을 많이 가져왔더라면, 내가 너를 데리러 갔을 텐데. (I, pick, will, you up)

→ If you had brought a lot of luggage, _____

_____ .

10 만약에 태양이 없다면, 인류는 살아남을 수 없을 텐데. (for, the sun, be, not, it)

→ If _____ , humankind would be

unable to survive.   *humankind 인류, 인간

11 만약 내가 더 열심히 공부한다면, 나는 시험에서 더 높은 성적을 받을 수 있을 텐데.

(I, a higher grade, get, can)

→ If I studied harder, _____ on the test.

12 만약 내가 10분 더 일찍 도착했더라면, 나는 그녀가 떠나는 것을 볼 수 있었을 텐데.

(earlier, arrive, 10 minutes, I)

→ If _____ , I could have seen

her leaving.

13 모든 것이 완벽하다면, 너는 결코 배우고 성장하지 않을 텐데. (never, learn, you, grow, and, will)

→ If everything were perfect, _____ .

14 만약 네가 과거에 긍정적이었더라면, 너는 더 많은 좋은 경험을 할 수 있었을 텐데.

(you, have, can, more, good experiences)

→ If you had been positive in the past, _____

_____ .

Guide ✓
- 가정법 과거: If+S +동사 과거형/were ~, S+과거형 조동사+동사원형 ... (만약 S 가 ~라면 S가 …할 텐데)
- 가정법 과거완료: If+S +had p.p. ~, S+과거형 조동사+have p.p. ... (만약 S 가 ~했더라면 S가 …했을 텐데)
- If it were not for (= Without = But for): (지금) ~이 없다면

---

09 luggage 짐, 수하물 pick A up A를 데리러 가다 10 survive 살아남다 11 grade 성적[학점](을 매기다); 학년; 등급 12 see O v-ing O가 v하는 것을 보다

CHAPTER

1 2

it/특수 구문

it I

it이 대신하는 것 찾기 다음 문장에서 밑줄 친 It[it]이 대신하는 단어, 어구, 절에 밑줄을 그으세요. [각 6점] **내신 직결**

01 I love spring. It is the most wonderful time of the year.

02 He said that he was good at dancing. But it was a lie.

03 Ken and I want to play ukulele together. It would be nice.

*ukulele 우쿨렐레 ((작은 기타같이 생긴 4현 악기))

04 That sofa looks nice. It's not very expensive for us, either.

05 If you give me the chance, I would greatly appreciate it.

Guide ✔ 앞에 나온 단어, 어구, 절 중에서 It[it]의 자리에 넣었을 때 가장 자연스러운 것이 무엇인지를 판단해본다.

비인칭 주어 it 다음 문장에서 밑줄 친 It[it]이 나타내는 것을 〈보기〉에서 골라 그 기호를 쓰세요. [각 6점]

〈보기〉 ⓐ 시간   ⓑ 날씨   ⓒ 거리   ⓓ 명암   ⓔ 요일

06 When my alarm rings, it means it's 7:30 a.m.

07 It is only 53.7 km from Seoul to Kaesong.

08 It is sunny after the heavy rain on Saturday.

09 It's hard to get up in the morning when it's still dark outside.

10 What day is it today? Wednesday or Thursday?

Guide ✔ it은 시간/날씨/거리/명암/요일 등을 나타내는 문장에서 아무 뜻 없이 쓰일 수 있다.

11 Jake took a stone and threw it in the water.

→

12 We were trying to find empty seats, but it was impossible.

→

13 It appears that everyone has doubt about his ability.

*have doubt 의심하다

→

고난도 **14** It seems that there is something wrong with my computer.

→

고난도 **15** It takes about two and a half hours by KTX from Seoul to Busan.

→

Guide ✔
- 대명사 it: 앞에 나온 단어, 어구, 절 또는 문장 전체를 대신할 수 있는 대명사로, '그것'으로 해석한다.
- 비인칭 주어 it: 시간, 날씨, 거리, 명암, 요일 등을 나타내는 문장에서 주어로 쓰일 수 있다. 이때 it은 아무 뜻이 없으므로 해석하지 않는다.
- 〈It seems[appears] that ~〉: ~인 것 같다, ~인 듯하다

---

02 be good at ~을 잘하다, ~에 능숙하다 **05** give IO DO IO에게 DO를 주다 greatly 대단히 appreciate 감사하다; 진가를 알아보다 **09** still 여전히; 가만히 있는
11 throw(-threw-thrown) 던지다 **12** try to-v v하려고 노력하다 empty 빈, 비어 있는 **13** ability 능력

배열 영작   다음 우리말과 일치하도록 괄호 안에 주어진 어구를 순서대로 배열하세요. 내신 직결

01 몇몇 사람들은 학교에서 수화를 가르치는 것이 중요하다고 생각한다. [5점]

(teach, important, think, to, it, sign language)   *sign language 수화

→ Some people _____ in schools.

02 의사들은 아이들이 아침을 거르는 것이 건강에 해롭다고 여긴다. [6점]

(that, it, skip, believe, breakfast, kids, unhealthy)

→ The doctors _____ .

03 우리는 우리 회사가 새로운 기술을 발명했다는 것을 기밀로 남겨둬야 한다. [6점]

(our company, it, invented, confidential, new technology, that, leave)

→ We have to _____ .

Guide 5문형(SVOC) 문장에서 목적어 자리에 to-v구/명사절이 올 경우 가목적어 it으로 대신하고 진목적어는 보어 뒤로 이동한다.
즉, 〈S+V+it(가목적어)+C+O (진목적어)〉의 구조가 된다.

강조구문 영작&해석하기   다음 문장의 밑줄 친 부분을 강조하는 〈It is[was] ~ that〉 강조구문을 쓰고 그 문장을 해석하세요.

[각 6점] 내신 직결

04 My wife phoned me <u>at the bank</u>.

→ It _____ .

→

05 Jane told me <u>her secret</u> last night.

→ It _____ .

→

06 I visited the museum <u>while I was in London</u>.

→ It _____ .

→

Guide 1. 배열: It is[was]와 that 사이에 강조하는 말을 두고, 나머지는 that 뒤에 순서대로 쓴다.
2. 해석: …하는 것은 바로 ~이다[였다]

02 skip 거르다, 건너뛰다 03 invent 발명하다 confidential 기밀의 technology 기술 04 phone 전화를 걸다; 전화(기) 05 tell IO DO IO에게 DO를 말해주다

07 It is <u>certain</u> that Yumi is afraid of spiders.

08 It was <u>Tony's story</u> that moved us to tears.

09 It is <u>my wish</u> that I become a friend with him.

10 It was <u>his impolite attitude</u> that made everyone angry.

11 It is <u>during the next weekend</u> that her family go camping.

> **Guide** ✔ • It is[was] 형용사 that...: 가주어-진주어 구문
> • It is[was] 부사(구/절) that...: 강조구문
> • It is[was] 명사 that...: It is[was], that을 제외한 문장이 완전하면 강조구문, 불완전하면 가주어-진주어 구문

> 〈보기〉 ⓐ 가주어 　　　ⓑ 가목적어 　　　ⓒ 강조구문의 it

12 <u>It</u> was surprising that he solved the problem.

　→

13 I consider <u>it</u> good to read before going to bed.

　→

14 <u>It</u> seems impossible that we will be home on time.

　→

15 I found <u>it</u> hard to grab the attention of my audience.

　→

^{고난도} **16** <u>It</u> was when the bomb was dropped that the war started.

　→

> **Guide** ✔ 문장에서 it의 위치와 쓰임에 따라 역할을 구별한다.

---

07 certain 확실한; 어떤　08 move O to tears O를 눈물 흘리게 하다　10 impolite 예의 없는, 무례한　attitude 태도, 자세　11 go camping 캠핑 가다　14 on time 제시간에　15 grab the attention of ~의 관심을 끌다　audience 청중, 관중　16 bomb 폭탄　drop 떨어뜨리다; 떨어지다

문장 전환 | 다음 문장을 주어진 어구로 시작하는 문장으로 바꿔 쓰세요. [각 5점]

01 A birthday gift is in front of my eyes.

→ In front of my eyes _____.

02 Some people hardly know the value of the plants around them.

→ Hardly _____ the value of the plants around them.

03 Sally seldom visits her grandparents these days.

→ Seldom _____ her grandparents these days.

04 The wool knit is not only warm, but also soft.

→ Not only _____, but also soft.

Guide ✔ 부정어(구), 부사구가 문장 앞에 올 경우 주어와 (조)동사의 위치가 뒤바뀐다. 각 경우에 문장이 도치되는 형태를 알아두자.

알맞은 어법 고르기 | 다음 문장의 네모 안에서 어법상 알맞은 것을 고르세요. [각 5점] 수능 직결

05 Little did / was I realize that he was angry at me.

06 There is / are about 7 billion people in the world.

07 In this box is / are her belongings that she lost.

08 Never does / do he provide suggestions in the class meetings.

Guide ✔ 동사의 종류(be동사/조동사/일반동사)와 주어의 수에 따라 적절한 동사를 찾도록 한다.

영작하기 | 다음 주어진 우리말을 so 또는 neither를 사용하여 영작하세요.

09 I was impressed by the film and 제이슨(Jason)도 그랬다(감명을 받았다). [6점]

→

10 She didn't do anything wrong and 그녀의 친구도 그렇지 않다(잘못한 것이 없었다). [6점]

→

고난도 **11** The students like the new lunch menus and 선생님들도 그렇다(좋아하신다). [7점]

→

02 value 가치; 소중하게 여기다 03 these days 요즘에는 05 realize 알아차리다, 깨닫다 06 billion 10억 07 belonging ((복수형)) 소지품 08 suggestion 의견, 제안; 암시 09 impressed 감명을 받은

12 My brother can't remember when my parents' wedding anniversary is and 나도 그렇지 않다(기억할 수 없다). [6점]

*anniversary 기념일

→

> **Guide** ✓ 〈so[neither]+V+S〉의 V는 그 V가 대신하려는 앞 문장의 동사가 일반동사/be동사/조동사 중에 무엇인지에 따라 결정된다. 이때 '주어–동사'의 수일치와 시제에 유의한다.

도치구문 영작&해석하기 \ 다음 문장을 〈보기〉와 같이 밑줄 친 부분을 강조하는 도치구문으로 바꿔 쓰고 바꿔 쓴 문장을 해석하세요.

[각 7점] **내신 직결**

> 〈보기〉 The survivor was <u>hardly</u> able to walk.
> → *Hardly was the survivor able to walk.*
> → 그 생존자는 거의 걸을 수 없었다.

13 My favorite novel lies <u>under the sofa</u>.

→

→

14 The musical performers are <u>behind the curtain</u>.

→

→

15 He could <u>never</u> experience such an interesting festival.

→

→

고난도 **16** She <u>seldom</u> expressed how important her family was to her.

→

→

고난도 **17** Our project will <u>not</u> be ready <u>until tomorrow morning</u>.

→

→

> **Guide** ✓ 부정어(구), 부사구가 문장 앞에 올 경우 주어와 (조)동사의 도치가 일어난다. 단, 부사구 뒤의 도치에는 동사가 일반동사라도 do/does/did를 사용하지 않고 〈동사+주어~〉의 순서가 된다.

---

13 lie(-lay-lain-lying) 놓여 있다; 눕다; (-lied-lied-lying) 거짓말하다 *cf.* lay(-laid-laid) 놓다; (알을) 낳다 16 express 표현하다; 급행의

생략 어구 쓰기 \ 다음 문장에서 생략된 어구가 있는 곳에 ∨로 표시하고 생략된 내용을 쓰세요. [각 5점] 내신 직결

01 Minju likes to eat out and have food delivered.

→

02 Turn up the volume of the radio if you want to.

→

03 When blamed, most people will feel hurt.

→

04 During summer vacation, I went to Germany and Brian to Spain.

→

05 These macarons will last longer if kept in the refrigerator.   *macaron 마카롱 ((프랑스식 쿠키))

→

06 My friend thought I was angry at him, but I wasn't.

→

07 I wanted to participate in the research project, but I failed to.

→

08 My mother gave a jacket to me and a pair of sneakers to my brother.

→

09 I was supposed to finish the essay, but I haven't.

→

10 Ella grew up to be a teacher and her sister a children's book author.

→

고난도 **11** Please switch off all electronic devices while taking the exam.

→

고난도 **12** The costs of traveling abroad are getting lower and travel places more various.

→

Guide ✔ 문장에서 같은 어구가 반복되면 대부분 반복 어구를 생략한다.

01 deliver 배달하다; (연설을) 하다; (아이를) 낳다 **03** blame 비난하다, 탓하다 feel hurt 상처받다, 감정이 상하다 **05** refrigerator 냉장고 **07** participate in ~에 참여 [참가]하다 fail to-v v하는 데 실패하다 **08** a pair of 한 쌍의 sneakers 운동화 **09** be supposed to-v v해야 한다, v하기로 되어있다 **11** switch off (전기 등을) 끄다(↔ switch on (전기 등을) 켜다) electronic device 전자기기 **12** abroad 해외로; 해외에 various 다양한

〈보기〉 She hates to be late and she hates to be in a hurry.
→ *she hates to be late and in a hurry.*

13 She has a degree in education but she has little experience in teaching.

→

14 Some people support the death penalty but others oppose the death penalty.

→

*death penalty 사형제도

15 The tired girl put on her sleepwear and she went to bed early.

→

고난도 **16** He wanted to overcome his obstacles and he tried to overcome his obstacles.

→

고난도 **17** It is important to admit your faults and it is important not to deny your faults.

→

Guide ✔ 두 개 이상의 문장에서 동일한 공통어구가 있다면, 공통어구는 생략할 수 있다.

해석하기 다음 문장을 알맞게 해석하세요. [각 4점]

18 Some students studied hard but failed the exam.

→

19 We can and should help the poor people.

→

20 Where she visited and what she did yesterday are unknown.

→

고난도 **21** To think is to act, to change and to advance.

*advance 나아가다, 전진(하다)

→

고난도 **22** Art was and is a part of everyday life in many countries.

→

Guide ✔ 공통어구는 앞(X(A+B))이나 뒤((A+B)X) 또는 앞뒤 모두(X^1(A+B)X^2)에 있을 수 있다.

13 degree 학위 education 교육(학) 14 oppose 반대하다 15 put on (옷을) 입다 sleepwear 잠옷 16 overcome(-overcame-overcome) 극복하다
obstacle 장애(물) 17 admit 인정하다; 허락하다 fault 잘못; 단점 deny 부인[부정]하다 20 unknown 알려지지 않은

삽입/동격구문

삽입구문 찾기&해석하기 \ **다음 문장에서 삽입된 부분을 ( )로 표시하고 그 이외의 부분을 알맞게 해석하세요.** [각 4점] **내신 직결**

01 What he said, it seems to me, was false.

→

02 Dogs, as a well-known poet said, are true friends.

→

03 Her cat — rescued from the river — recovered after a few days of illness.

→

04 The man, who is a brilliant violinist, became a member of the orchestra.

*orchestra 관현악단, 오케스트라

→

05 Diana — though not famous — has truly amazing painting skills.

→

06 The pain, which is the worst I have ever experienced, lasts longer than a week.

→

07 He, I believe, is a musician who can heal listeners' hearts with his music.

→

08 Rising gasoline prices, up 10% from last month, cause people to use public transportation.

*gasoline price 휘발유 가격

→

Guide ✔ 설명을 더하거나 의미를 보충하기 위해 문장 내 어구나 절이 삽입될 수 있다. 이때 삽입어구 앞뒤로는 보통 콤마(,)나 대시(—)가 있다.

---

01 false 거짓의; 잘못된 **02** poet 시인 *cf.* poem 시 **03** rescue 구조하다 recover 회복하다 illness 아픔, 병 **04** brilliant 훌륭한, 멋진 truly 정말로, 진실로 **06** last 지속되다; 마지막의; 지난 **07** heal 치유하다, 고치다 **08** cause O to-v O가 v하도록 하다

09 The idea of camping on the mountain sounds perfect to me.

→

10 The WHO, or World Health Organization, tries to improve global health problems.

*WHO(World Health Organization) 세계보건기구

→

11 Seoul, the capital city of South Korea, has a population of around ten million.

→

12 The charity has the belief that they should contribute to society.

→

> **Guide** ✔ • A+콤마(,)+B: A는 B인데[B로서], B인 A   • A, or B: A, 즉 B
> • A of B: B라는 A   • N+that절: ~라는 N

13 This book is about a utopia, or an ideal society.

*utopia 유토피아, 이상향

→

14 Kelly, my cousin, will visit my family this weekend.

→

15 Did you hear the news that there will be heavy rain tonight?

→

16 Andrew should break his compulsive habit of biting his nails.

*compulsive 강박적인

→

고난도 **17** GDP, or gross domestic product, is used to evaluate a nation's economic growth.

*GDP(gross domestic product) 국내 총생산

→

> **Guide** ✔ 밑줄 친 (대)명사에 대해 의미를 보충하거나 바꿔 말하기 위해 쓴 다른 명사(구, 절)를 찾는다.

10 organization 기구, 단체, 조직 11 capital (city) 수도 population 인구; 개체 수 12 charity 자선단체 contribute to A A에 공헌[기여]하다 13 ideal 이상적인 16 break a habit 버릇을 고치다, 습관을 버리다 bite 물어뜯다, 물다 17 evaluate 평가[감정]하다 economic 경제의

18 복권에 당첨되는 확률은 높지 않다. (the lottery, of, the chance, winning) [5점]

→ _____ is not high.

19 나는 중국의 매우 큰 도시인 상하이에 있는 학교에서 일한 일이 있다. [5점]

(China, Shanghai, in, a very big city)

→ I have worked in a school in _____, _____.

고난도 **20** 사람들은 재활용이 생태계에 도움이 된다는 생각에 주의를 기울인다. [6점]

(recycling, the ecosystem, that, the idea, helps)

→ People pay attention to _____.

21 현실적인 어려움으로 인해, 그는 그의 직업을 바꿀 모든 생각을 포기해왔다. [5점]

(his job, all thought, changing, of)

→ With real difficulties, he has given up _____.

고난도 **22** 많은 국가들이 여전히 전쟁을 하고 있다는 사실은 비극적이다. [6점]

(that, still at war, many nations, the fact, are)

→ _____ is tragic.

Guide ✔ 콤마(,)/or/of/접속사 that을 사용하여 앞에 위치한 명사의 의미를 보충할 수 있다.

---

18 win the lottery 복권에 당첨되다 20 recycling 재활용 ecosystem 생태계 pay attention to A A에 주의를 기울이다[주목하다] 22 at war 전쟁 중의 tragic 비극적인

천일문을 앞서가는
천일문
E-BOOK 출시

① 구문 — 판매 1위 '천일문' 콘텐츠를 활용하여 정확하고 다양한 구문 학습

(끊어읽기) (해석하기) (문장 구조 분석) (해설·해석 제공) (단어 스크램블링) (영작하기)

② 문법·서술형 — 쎄듀의 모든 문법 문항을 활용하여 내신까지 해결하는 정교한 문법 유형 제공

(객관식과 주관식의 결합) (문법 포인트별 학습) (보기를 활용한 집합 문항) (내신대비 서술형) (어법+서술형 문제)

③ 어휘 — 초·중·고·공무원까지 방대한 어휘량을 제공하며 오프라인 TEST 인쇄도 가능

(영단어 카드 학습) (단어 ↔ 뜻 유형) (예문 활용 유형) (단어 매칭 게임)

④ 선생님 보유 문항 이용

(Online Test) (OMR Test)

🔖 cafe.naver.com/cedulearnteacher

쎄듀런 학습 정보가 궁금하다면?

쎄듀런 Cafe

· 쎄듀런 사용법 안내 & 학습법 공유
· 공지 및 문의사항 QA
· 할인 쿠폰 증정 등 이벤트 진행

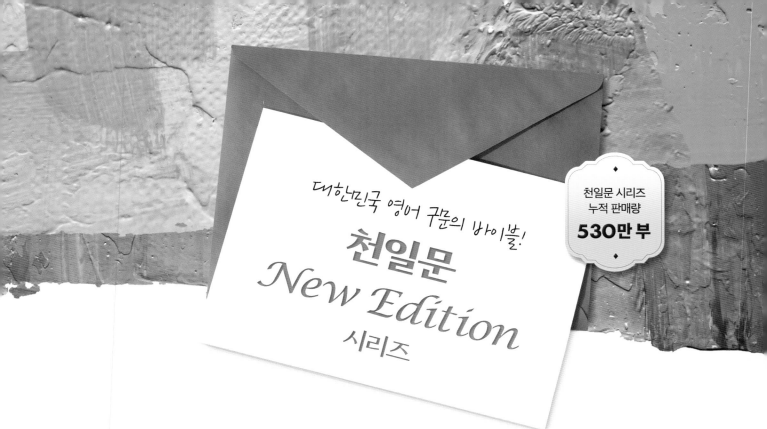

개정에 도움을 준 선생님들께서
마음을 담아, 추천사를 남겨주셨습니다.

전에도 이미 완벽했었지만, 거기에서 더 고민하여 선정한 문장의 선택과 배치는 가장 효율적인 학습환경을 제공합니다. 양질의 문장을 얼마나 많이 접해봤는지는 영어 학습에서 가장 중요한 요소 중 하나이며, 그 문장들을 찾아다니며 시간을 낭비할 필요 없이 천일문 한 권으로 해결하시기 바랍니다.

김명열 | 대치명인학원

굳이 개정하지 않아도 좋은 교재이지만 늘 노력하는 쎄듀의 모습답게 더 알찬 내용을 담았네요. 아이들에게 십여 년이 넘는 시간 동안 영어를 가르치면서도 영어의 본질은 무시한 채 어법에만 치우친 수업을 하던 제게 천일문은 새로운 이정표가 되어주었습니다. 빨라진 시대의 흐름에 따라가지 못하는 한국의 영어교육에 조금이라도 이 책이 도움이 될 것 같아 기대감이 큽니다.

김지나 | 킴스영어

독해는 되지만 글에서 의미하는 바를 찾지 못하고 결국 내용을 어림짐작하여 '감'으로 풀게 되는 학생들에게는 더더욱 필요한 능력이 문해력입니다. '감'으로 푸는 영어가 아닌 '문해력'에 기초하여 문제를 풀기 위한 첫 번째 단계는 정확한 문장 구조분석과 정확한 해석입니다. 많은 학생들이 천일문 시리즈를 통해 1등급 성취의 열쇠를 손에 넣을 수 있기를 바랍니다.

박고은 | 스테듀입시학원

책의 가장 큰 장점은 수험생을 위해 단계별로 정리가 되어 있다는 점입니다. 고3으로 갈수록 추상적인 문장이 많아지며 읽고 문장을 바로 이해하는 능력을 키우는 것이 중요한데, '천일문 완성'의 경우 특히 추상적 문장을 많이 포함하고 있어, 문장을 읽으면서 해당 문장이 무슨 내용을 나타내는지, 포함한 글이 어떤 내용으로 전개될 것인지 유추하면서 읽는다면 수험생들에게 큰 도움이 되리라 생각합니다.

이민지 | 세종 마스터 영어학원

수능 및 모의평가에서 자주 출제되는 핵심 구문들을 챕터별로 정리할 수 있어서 체계적입니다. 이 교재는 막연한 영어 구문 학습을 구체화해 배치해두었기 때문에, 학습자 입장에서는 등장할 가능성이 큰 문형들을 범주화하여 학습할 수 있습니다. 저 또한 학생 때 천일문 교재로 공부했지만 지금 다시 봐도 감동은 여전합니다.

안상현 | 수원시 권선구

천일문 교재가 처음 출간되었을 때 이 책으로 영어 구문 수업을 하는 것은 교사로서 모험이었습니다. 선생님 설명이 필요 없을 정도로 완벽한 교재였기 때문입니다. 영원히 현재진행형인 천일문 교재로 영어 읽는 법을 제대로 반복 학습한다면 모든 학생들은 영어가 주력 과목이 될 수 있을 겁니다.

조시후 | SI어학원

500 SENTENCES
INTRO

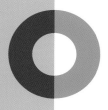

천일문 입문 문제집

|정답 및 해설|

Training Book

쎄듀 | 쎄듀런

500 SENTENCES
INTRO

Training Book

천일문 입문 문제집
|정답 및 해설|

UNIT 01 주어＋동사

01 **came**, 왔다 | 겨울이 왔다.

02 **happened**, 일어났다 | 이상한 일들이 일어났다.

03 **began**, 시작했다 | 그 케이팝 콘서트는 5시 정각에 시작했다.

04 **stood up**, 일어섰다 | 뒤에 있던 한 남자가 일어섰다.

05 **grew up**, 자랐다 | 너의 강아지는 매우 빨리 자랐다.

배점	채점 기준
2	밑줄을 바르게 그은 경우
2	해석을 바르게 한 경우

06 The young girl on the stage / smiled., 무대 위에 있는 어린 소녀가 | 무대 위에 있는 어린 소녀가 미소 지었다.

07 Most African elephants / usually live long., 대부분의 아프리카 코끼리들은 | 대부분의 아프리카 코끼리들은 대개 오래 산다.

> 해설 usually는 동사를 수식하는 부사이므로 주어 수식어구에 포함되어서는 안 된다.

08 That hunting dog from Jindo / runs fast., 진도에서 온 저 사냥개는 | 진도에서 온 저 사냥개는 빠르게 달린다.

09 The temperature of the sea / fell sharply in the night., 바다의 온도가 | 바다의 온도가 밤중에 급격히 떨어졌다.

10 The moon and the stars / disappeared behind the clouds., 달과 별들이 | 달과 별들이 구름 뒤로 사라졌다.

배점	채점 기준
2	/를 바르게 표시한 경우
2	해석을 바르게 한 경우

11 **occurred last night**, 어젯밤에 발생했다 | 지진과 쓰나미가 어젯밤에 발생했다.

> 해설 last night은 명사구지만 부사로도 쓰인다.
> The earthquake and tsunami <u>occurred</u> <u>last night</u>.
>   V   M(부사구)

12 **fall to the ground in the autumn**, 가을에 땅으로 떨어진다 | 나뭇잎들은 가을에 땅으로 떨어진다.

> 해설 Leaves <u>fall</u> <u>to the ground</u> <u>in the autumn</u>.
>   V   M(부사구)   M(부사구)

13 **got up late this morning**, 오늘 아침에 늦게 일어났다 | 내 남동생은 오늘 아침에 늦게 일어났다.

> 해설 this morning은 명사구지만 부사로도 쓰인다.
> My little brother <u>got up</u> <u>late</u> <u>this morning</u>.
>   V   M(부사) M(부사구)

14 **exercise together on weekends**, 주말마다 함께 운동하신다 | 우리 부모님은 주말마다 함께 운동하신다.

> 해설 My parents <u>exercise</u> <u>together</u> <u>on weekends</u>.
>   V   M(부사)   M(부사구)

15 **arrived here by train**, 기차로 여기에 도착하셨다 | 우리 이모와 삼촌은 기차로 여기에 도착하셨다.

> 해설 My aunt and uncle <u>arrived</u> <u>here</u> <u>by train</u>.
>   V   M(부사)M(부사구)

배점	채점 기준
2	밑줄을 바르게 그은 경우
2	해석을 바르게 한 경우

16 **safely** | 그 비행기는 안전하게 착륙했다.

> 해설 동사 landed를 수식하므로 부사 safely가 적절하다.

17 **beautiful** | 그 아름다운 나무가 쓰러졌다.

> 해설 명사 tree를 수식하므로 형용사 beautiful이 알맞다.

18 **recently** | 내 방의 그 식물은 최근에 죽었다.

> 해설 동사 died를 수식하므로 부사 recently가 알맞다.

19 **severe** | 거센 폭풍우가 월요일 일찍 발생했다.

> 해설 명사 storm을 수식하므로 형용사 severe가 알맞다.

20 **patiently** | 공연 후에는 참을성 있게 당신의 자리에 머물러 주세요.

> 해설 동사 remain을 수식하므로 부사 patiently가 적절하다.

21 Jacob wakes up early in the morning.

> 해설 주어 Jacob이 3인칭 단수이므로 동사 wake up을 단수형인 wakes up으로 바꿔 쓴다.

22 The price of gas rose gradually[gradually rose].

> 해설 우리말이 과거형이므로 동사 rise를 rose로 바꿔 쓰고, gradual은 동사 rose를 수식하므로 부사 형태인 gradually가 되어야 한다.

23 The ship sails from India to China.

> 해설 The ship은 3인칭 단수이므로 동사 sail을 단수형인 sails로 바꿔 쓴다.

24 A famous singer in Korea sat next to me.

> 해설 〈전치사＋명사〉구인 in Korea가 주어 A famous singer를 수식하므로 수식 받는 명사구 뒤에 위치한다. 우리말이 과거형이므로 동사 sit을 sat으로 바꿔 쓴다.

25 My father works at an IT company in Seoul.

해설 〈전치사+명사〉구인 in Seoul은 an IT company를 수식하므로 수식 받는 명사구 뒤에 위치한다. 주어 My father가 3인칭 단수이므로 동사 work를 단수형인 works로 바꿔 쓴다.

배점	채점 기준
3	어순은 올바르나 어형 변형이 틀린 경우

UNIT 02 주어+동사+보어

01 sounds interesting, 흥미롭게 들린다[흥미로운 것 같다] | 네 아이디어는 흥미롭게 들린다[흥미로운 것 같다].

02 came loose, 느슨하게 되었다 | 의자의 다리 하나가 느슨하게 되었다.

03 turned grey, 회색으로 되었다[변했다] | 우리 아버지의 머리카락이 이르게 회색으로 되었다[변했다].

04 kept quiet, 조용한 채로 있었다 | 그 아이는 오랫동안 조용한 채로 있었다.

05 is a talented American actor, 재능 있는 미국 배우이다 | 톰 크루즈는 재능 있는 미국 배우이다.

06 became a famous boy band member, 유명한 보이밴드[남자 아이돌 그룹]의 멤버가 되었다 | 윌리엄은 유명한 보이밴드[남자 아이돌 그룹]의 멤버가 되었다.

배점	채점 기준
2	밑줄을 바르게 그은 경우
1	해석을 바르게 한 경우

07 bad | 이 음식은 좋지 않은 냄새가 난다.

해설 문장의 주어인 This food의 상태를 나타내므로 형용사 bad가 적절하다. bad는 부사로 쓰여 '몹시'의 뜻을 나타낼 수도 있다.

08 busy | 그 상점의 점원들은 계속 바빴다.

해설 문장의 주어인 The clerks의 상태를 설명하고 있으므로 형용사 busy가 적절하다.

09 warm | 봄에는 날씨가 따뜻해진다.

해설 문장의 주어인 The weather의 상태 변화를 설명하고 있으므로 형용사 warm이 적절하다.

10 silently | 그 어린 소년은 자신의 방에서 조용히[말없이] 울었다.

해설 동사 cried를 수식하는 것으로 부사 silently가 적절하다.

11 finally | 화면의 경고등이 마침내 사라졌다.

해설 동사 disappeared를 수식하는 것으로 부사 finally가 적절하다.

12 precious | 그의 어린 시절 기억은 그에게 소중했다.

해설 주어 His childhood memories를 보충 설명하고 있으므로 형용사 precious가 적절하다.

13 ✕, delicious | 이 애플파이는 맛있다.

14 ✕, happy | 사진 속 소녀들은 매우 행복해 보인다.

15 ○ | 논쟁하는 동안 모두가 차분하게 있었다.

해설 stay는 〈주어+동사〉, 〈주어+동사+보어〉 문형으로 모두 쓰일 수 있는데, 여기에선 '(계속) ~이다'라는 뜻으로 주어의 상태를 설명해주는 보어가 필요한 동사로 쓰였다. 따라서 형용사 calm은 적절하다.

16 ○ | 문이 천천히 열리고 그가 걸어 들어왔다.

해설 동사 opened를 수식하는 부사 자리이므로 slowly는 적절하다.

17 ✕, popular | 농구는 미국에서 여전히 인기 있다.

해설 remain은 〈주어+동사〉, 〈주어+동사+보어〉 문형으로 모두 쓰일 수 있는데, 여기에선 '(계속) ~이다'라는 뜻으로 주어의 상태를 설명해주는 보어가 필요한 동사로 쓰였다. 따라서 popularly를 형용사 popular로 바꿔 쓴다.

감점	채점 기준
-2	✕는 올바르게 표시했지만, 틀린 부분을 바르게 고치지 못한 경우

18 ⓐ: ①, 나는 지난밤 그 콘서트에 갔다. / ⓑ: ②, 그 우유는 상했다.

19 ⓐ: ①, 그의 오래된 친구가 그의 생일 파티에 나타났다. / ⓑ: ②, 처음에는 모든 것이 좋아 보였다.

20 ⓐ: ②, 내 자전거가 비에 젖었다. / ⓑ: ①, 몇몇 학생들은 그곳에 제시간에 도착했다.

해설 ⓑ 문장의 there는 부사이므로 SVC문형으로 착각하지 않도록 주의한다.

감점	채점 기준
-1	문형의 번호를 하나 틀리게 쓴 경우
-1	문장 하나의 해석이 틀린 경우

21 양초의 불꽃이 흐릿해졌다. ○

해설 The flames (of the candle) grew dim.
S　　　　　　　　V　C

22 화재의 원인은 수수께끼[미스터리]로 남아 있다. ○

해설 The cause (of the fire) remains a mystery.
S　　　　　　　V　　C

23 트럭이 고속도로에서 갑자기 멈추었다. ✕

해설 The truck stopped suddenly on the highway. (SV문형)
S　　　V　　M　　　M

24 그 결혼식(에 있던) 하객들은 매우 정중했다. ○

해설 The guests (at the wedding ceremony) were very
S　　　　　　　　　　　　V　C
polite.

배점	채점 기준
3	해석만 바르게 한 경우
3	○, ✕만 바르게 쓴 경우

UNIT 03 주어+동사+목적어

01 <u>a rumor about our new professor</u>, 나는 우리의 새 교수님에 대한 소문을 들었다.

[해설] 수식어구 about our new professor가 목적어인 a rumor 를 수식한다.

02 <u>a movie ticket</u>, 그는 매표소에서 영화표를 구매했다.

[해설] at the box office는 장소를 나타내는 부사구로 이를 목적어 수식어구로 착각하지 않도록 주의한다.

03 <u>a big house with a front yard</u>, 우리 부모님은 앞마당이 있는 큰 집을 원하신다.

[해설] 수식어구 with a front yard가 목적어인 a big house를 수식한다.

04 <u>a transfer student</u>, 선생님은 전학생 한 명을 학급 학생들에게 소개하셨다.

[해설] to the class는 부사구이다.

05 <u>a plan for a summer vacation</u>, 내 남동생과 나는 여름 방학을 위한 계획을 짰다.

[해설] 수식어구 for a summer vacation은 목적어인 a plan을 수식한다.

배점	채점 기준
3	밑줄을 바르게 그은 경우
2	해석을 바르게 한 경우

06 married her
[해설] marry ~~to/with~~ ~와 결혼하다

07 reached the coast
[해설] reach ~~to/at~~ ~에 이르다, 도착하다

08 answered the phone
[해설] answer ~~to~~ ~에 대답하다

09 got off the vehicle
[해설] get off ~에서 내리다

10 turned down a manager position
[해설] turn down ~을 거절하다(= refuse, reject)

배점	채점 기준
3	어순은 올바르나 어형 변형이 틀린 경우
2	어순과 어형 변형이 올바르나 잘못된 단어를 추가한 경우

11 그 상점은 금요일마다 늦게까지 문을 연다. SVC

[해설] The store stays open late on Fridays.
　　　　 S　　 V 　 C 　M 　　 M

12 나는 졸업 파티를 위한[위해] 긴 드레스를 골랐다. ○

[해설] I chose a long dress (for my graduation party).
　　　 S 　V 　　 O

I chose a long dress for my graduation party.
S 　V 　　 O 　　　　 M

이때의 〈전치사+명사〉구는 형용사구/부사구 둘 다로 해석이 가능하다.

13 많은 자동차 사고가 교차로에서 발생한다. SV

[해설] Many car accidents occur at the intersection.
　　　　 S 　　　　 V 　　 M

14 한 게으른 학생이 마감 기한 후에 숙제를 제출했다. ○

[해설] A lazy student turned in the homework after the
　　　　 S 　　　 V 　　　　 O 　　 M
deadline.

15 작년에, 베티는 중학교 음악 선생님이 되었다. SVC

[해설] Last year, Betty became a music teacher (in a
　　　　 M 　　 S 　 V 　　　 C
middle school).

배점	채점 기준
2	해석을 바르게 한 경우
3	문형을 바르게 쓴 경우

16 will visit my parents on Christmas Eve

17 set a trap for the rats
[해설] for the rats가 목적어 a trap을 수식하므로 목적어 뒤에 쓰는 것이 적절하다.

18 at the station got on the bus
[해설] 주어를 수식하는 〈전치사+명사〉구는 주어 바로 뒤에 위치하므로 at the station을 a few students 뒤에 쓴다.

19 saw the full moon in the sky

20 will attend the meeting after 6 o'clock

UNIT 04 주어+동사+간접목적어+직접목적어

01 gave me his old watch, 나에게 자신의 낡은 시계를 주셨다 | 아빠가 나에게 자신의 낡은 시계를 주셨다.

02 lent her some money, 그녀에게 약간의 돈을 빌려주셨다 | 그녀의 이모는 그녀에게 약간의 돈을 빌려주셨다.

03 made me a birthday cake, 나에게 생일 케이크를 만들어주셨다 | 우리 어머니가 나에게 생일 케이크를 만들어주셨다.

04 cooks his family dinner, 자기 가족에게 저녁을 요리해준다 | 그는 종종 자기 가족에게 저녁을 요리해준다.

05 told me the news about the fight, 나에게 그 싸움에 관한 소식을 말해줬다 | 나의 여동생은 나에게 그 싸움에 관한 소식을 말해줬다.

06 showed the audience some wonderful magic, 관중에게 몇 가지 놀라운 마술을 보여주었다 | 마술사가 관중에게 몇 가지 놀라운 마술을 보여주었다.

배점	채점 기준
2	밑줄을 바르게 그은 경우
2	해석을 바르게 한 경우

07 The young clerk chose **me a pair of black shoes**.
　　　　　　　　　　　　　　　　IO　　DO
| 그 젊은 점원은(S) / 나에게(IO) / 검은 신발 한 켤레를(DO) / 골라주었다(V).

08 Jennifer teaches **students physics and chemistry**.
　　　　　　　　　　　IO　　　　DO
| 제니퍼는(S) / 학생들에게(IO) / 물리학과 화학을(DO) / 가르친다(V).

09 Four-leaf clovers may bring **you good luck and happiness**.
　　　　　　　　　　　　　　IO　　　DO
| 네잎클로버는(S) / 네게(IO) / 행운과 행복을(DO) / 가져다줄지도 모른다(V).

10 Henry bought **his mother a bunch of flowers**.
　　　　　　　IO　　　DO
| 헨리는(S) / 자신의 어머니에게(IO) / 꽃 한 다발을(DO) / 사드렸다(V).

11 The manager at the store offered **her the job**.
　　　　　　　　　　　　　IO　DO
| 그 가게의 운영자는(S) / 그녀에게(IO) / 일자리를(DO) / 제의했다(V).

12 The company pays **the employees the wages** monthly.
　　　　　　　　IO　　　DO
| 그 회사는(S)/ 직원들에게(IO) / 임금을(DO) / 매달(M) / 지불한다(V).

13 I will send **you the details of my proposal** tomorrow.
　　　　　　IO　　　DO
| 제가(S) / 내일(M) / 당신에게(IO) / 제 제안의 세부사항을(DO) / 보내드리겠습니다(V).

감점	채점 기준
-1	밑줄이 하나 틀린 경우
-1	IO, DO 표시가 하나 틀린 경우

14 나뭇잎들은 여름에 초록색으로 변한다. SVC
　[해설] The leaves turn green in summer.
　　　　　　S　　　V　　C　　　M

15 의사가 내게 약 처방전을 써 주었다. ○
　[해설] The doctor wrote me a prescription (for medicine).
　　　　　　S　　　V　 IO　　　DO

16 내 친척 중 한 명은 지난달 아이돌이 되었다. SVC
　[해설] One (of my relatives) became an idol last month.
　　　　　S　　　　　　　　V　　　C　　　M

17 한 남자는 거울 속의 자신을 보고 있다. SVO
　[해설] A man is looking at himself (in the mirror).
　　　　　S　　V　　　O

18 조안나는 오늘 아침 내게 사과 편지를 보냈다. ○
　[해설] Joanna sent me a letter of apology this morning.
　　　　　S　　V　IO　　DO　　　　M

19 우리 아버지가 슈퍼마켓에서 내게 오렌지 몇 개를 사주셨다. ○
　[해설] My father bought me some oranges at the supermarket.
　　　　　S　　　V　　 IO　　DO　　　　M

20 올해 그의 생일을 맞아, 나는 내 개에게 새 장난감을 사줬다. ○
　[해설] For his birthday this year, I got my dog new toys.
　　　　　M　　　　　　　　S　V　IO　　DO

배점	채점 기준
2	해석을 바르게 한 경우
2	문형을 바르게 쓴 경우

21 The children told the truth to their teacher.

22 He found the homeless cat a new home.

23 Susie ordered a white hat for her brother.

24 My friends kept me a seat next to them.

25 The firefighter asked the resident a question about a fire exit.
　[해설] 〈전치사＋명사〉 형태의 about a fire exit가 직접목적어 a question을 뒤에서 수식한다.

UNIT 05 주어＋동사＋목적어＋보어

01 thinks me a superhero, 내가 슈퍼히어로라고 생각한다 | 내 아들은 내가 슈퍼히어로라고 생각한다.

02 leaves the kitchen clean, 주방을 깨끗한 상태로 두신다[유지하신다] | 우리 어머니는 항상 주방을 깨끗한 상태로 두신다[유지하신다].

03 found his new classmate smart, 자신의 새로운 반 친구가 똑똑하다는 것을 알게 되었다 | 짐은 자신의 새로운 반 친구가 똑똑하다는 것을 알게 되었다.

04 believes Jane a great scientist, 제인이 훌륭한 과학자라고 생각한다 | 모두가 제인이 훌륭한 과학자라고 생각한다.

05 made people nervous, 사람들을 불안하게 했다 | 그 나쁜 소식은 사람들을 불안하게 했다.

배점	채점 기준
2	밑줄을 바르게 그은 경우
2	해석을 바르게 한 경우

06 Jacob a genius director, Jacob is a genius director. | 그는 제이콥이 천재 감독이라고 생각한다.
　[해설] 문장의 동사(believes)가 현재형이고 주어(He)가 3인칭 단수이므로 is를 쓴다.

07 the actor creative, The actor was creative. | 사람들은 그 배우가 창의적이라고 생각했다.

08 him a superstar, He was a superstar. | 그 오디션은 그를 슈퍼스타가 되게 했다.

09 Bach the "Father of music", Bach is the "Father of music." | 우리는 바흐를 '음악의 아버지'라고 부른다.

10 the manager a nice person, The manager was a nice person. | 그녀는 그 매니저가 좋은 사람이라고 생각했다.

배점	채점 기준
2	밑줄을 바르게 그은 경우
2	밑줄 친 부분을 올바르게 바꿔 쓴 경우

11 케이티는 항상 자신의 방을 더러운 상태로 두었다. ○

해설 She always kept her room dirty.
　　 S　　 M　　 V　　 O 　 C

12 그는 역에서 엄마에게 전화를 했다. SVO

해설 He called his mom from the station.
　　 S　 V　　 O　　　 M

13 그의 발언은 내가 화가 나서 할 말을 잃게 했다. ○

해설 His comments left me speechless with anger.
　　　 S　　　 V　 O　　　　 C

14 나는 새로운 장소에서 꽤 편안하다고 느끼고 있었다. SVC

해설 I was feeling quite comfortable in a new place.
　 S　　 V　　　 C　　　　　　 M

15 대부분의 사람들은 그 새로운 약이 완전히 안전하다고 생각한다. ○

해설 Most people think the new medicine completely
　　 S　　　 V　　　 O
safe.
 C

16 그는 나에게 우리 집 근처 사무실에 일자리를 찾아줬다. SVOO

해설 He found me a job (in an office near our house).
　　 S　 V　 IO　 DO

배점	채점 기준
2	해석을 바르게 한 경우
2	문형을 바르게 쓴 경우

17 warm | 이 코트는 겨울 동안 너를 따뜻하게 해줄 것이다.

18 carefully | 사람들은 환경 문제를 신중히 여겨야 한다.
해설 SVO문형으로 동사 should consider를 수식하는 부사 carefully가 적절하다.

19 promptly | 제이크는 부모님을 위한 예쁜 종이 카네이션을 신속하게 골랐다.
해설 SVO문형으로 동사 chose를 수식하는 부사 promptly가 적절하다.

20 successful | 모든 사람이 그 우주비행사들에 관한 영화가 성공적이라고 생각했다.

21 The street lights keep the roads bright.

22 She found the attic and basement large.

23 We named the twins Charlie and Milo.

24 Many viewers consider the TV program informative and interesting.

CHAPTER 02 동사를 통해 드러나는 시제

기본형 (원형)	뜻	3인칭 단수 현재형	과거형	과거분사형 p.p.	현재분사형 v-ing
become	~이 되다	becomes	became	become	becoming
begin	시작하다	begins	began	begun	beginning
bring	가져오다	brings	brought	brought	bringing
build	(건물을) 짓다	builds	built	built	building
beat	이기다	beats	beat	beaten	beating
bind	묶다; 감다	binds	bound	bound	binding
bear	참다, 견디다; (아기를) 낳다	bears	bore	borne/born	bearing
bite	물다	bites	bit	bitten	biting
bleed	피를 흘리다	bleeds	bled	bled	bleeding
blow	(입으로) 불다	blows	blew	blown	blowing
break	깨다, 부수다	breaks	broke	broken	breaking
buy	사다	buys	bought	bought	buying
burn	불에 타다	burns	burnt/burned	burnt/burned	burning

catch	잡다, 받다	catches	caught	caught	catching
choose	선택하다	chooses	chose	chosen	choosing
cost	(비용이) 들다	costs	cost	cost	costing
cut	자르다	cuts	cut	cut	cutting
come	오다	comes	came	come	coming
do	하다	does	did	done	doing
draw	끌다; 그림을 그리다	draws	drew	drawn	drawing
drink	마시다	drinks	drank	drunk	drinking
drive	(차량을) 몰다	drives	drove	driven	driving
die	죽다	dies	died	died	dying
dye	염색하다	dyes	dyed	dyed	dying
eat	먹다	eats	ate	eaten	eating
feel	느끼다	feels	felt	felt	feeling
fight	싸우다	fights	fought	fought	fighting
fall	떨어지다	falls	fell	fallen	falling
flow	흐르다	flows	flowed	flowed	flowing
fly	날다	flies	flew	flown	flying
forget	잊다	forgets	forgot	forgotten/forgot	forgetting
get	얻다	gets	got	gotten/got	getting
give	주다	gives	gave	given	giving
go	가다	goes	went	gone	going
grow	자라다	grows	grew	grown	growing
have	가지다, 있다	has	had	had	having
hang	걸다, 매달다	hangs	hung	hung	hanging
hear	듣다	hears	heard	heard	hearing
hold	잡고 있다	holds	held	held	holding
hide	숨기다	hides	hid	hidden	hiding
hit	치다, 때리다	hits	hit	hit	hitting
hurt	다치다	hurts	hurt	hurt	hurting
keep	유지하다	keeps	kept	kept	keeping
know	알다	knows	knew	known	knowing
lead	이끌다	leads	led	led	leading
leave	떠나다	leaves	left	left	leaving
let	허락하다	lets	let	let	letting
lose	잃어버리다; 지다; 패하다	loses	lost	lost	losing
lend	빌려주다	lends	lent	lent	lending
make	만들다	makes	made	made	making
mean	의미하다	means	meant	meant	meaning
meet	만나다	meets	met	met	meeting
pay	지불하다	pays	paid	paid	paying
put	놓다	puts	put	put	putting
read	읽다	reads	read	read	reading
rise	오르다	rises	rose	risen	rising
run	뛰다	runs	ran	run	running
seek	찾다; 구하다	seeks	sought	sought	seeking
see	보다	sees	saw	seen	seeing
shake	흔들다	shakes	shook	shaken	shaking

show	보여주다	shows	showed	shown/showed	showing
speak	말하다	speaks	spoke	spoken	speaking
sell	팔다	sells	sold	sold	selling
set	놓다, 두다	sets	set	set	setting
shut	닫다	shuts	shut	shut	shutting
sing	노래하다	sings	sang	sung	singing
swing	흔들다	swings	swung	swung	swinging
spill	흘리다	spills	spilt/spilled	spilt/spilled	spilling
send	보내다	sends	sent	sent	sending
sleep	자다	sleeps	slept	slept	sleeping
smell	냄새 맡다	smells	smelled/smelt	smelled/smelt	smelling
sit	앉다	sits	sat	sat	sitting
spend	소비하다, 쓰다	spends	spent	spent	spending
spread	퍼지다; 펼치다	spreads	spread	spread	spreading
stand	서다	stands	stood	stood	standing
steal	훔치다	steals	stole	stolen	stealing
swim	수영하다	swims	swam	swum	swimming
take	가지고 가다	takes	took	taken	taking
throw	던지다	throws	threw	thrown	throwing
teach	가르치다	teaches	taught	taught	teaching
tell	알리다. 말하다	tells	told	told	telling
think	생각하다	thinks	thought	thought	thinking
understand	이해하다	understands	understood	understood	understanding
wake	깨다, 깨우다	wakes	woke	woken	waking
win	이기다	wins	won	won	winning
wind	구부러지다	winds	wound	wound	winding
wear	입다	wears	wore	worn	wearing
write	쓰다	writes	wrote	written	writing

UNIT 06 현재시제가 나타내는 때 · 의미

01 ⓒ | 나는 보통 일찍 일어난다.

02 ⓑ | 저녁 식사는 오후 7시입니다. 늦지 마세요.

03 ⓓ | 물과 기름은 섞이지 않는다.

04 ⓐ | 그녀는 영어 문법을 아주 잘 안다.

05 ⓒ | 우리는 매주 일요일 교회에 간다.

06 ⓐ | 나는 점심을 먹지 않았다. 나는 지금 배가 고프다.

07 ⓑ | 그 영화는 오늘 밤 8시 정각에 시작할 것이다.

08 ⓒ | 크리스는 항상 물병을 가지고 다닌다.

09 ⓓ | 2와 3을 더하면 5를 만든다.

10 ⓑ | 항공편이 몇 시에 도착하나요?

11 ⓐ | 내 이웃들은 자신들의 개를 정말 사랑한다.

12 ⓓ | 자석은 철을 끌어당긴다.

13 ⓒ | 너는 학교에 버스를 타고 가니?

14 ⓑ | 농구 경기가 5분 후에 시작할 것이다.

15 ⓓ | 말, 코끼리 그리고 기린은 고기를 먹지 않는다.

UNIT 07 과거시제 · 미래시제

01 **left** | 그녀는 30분 전에 교실을 떠났다.

02 **will be** | 그 소년은 다섯 살이다. 그는 내년에 여섯 살이 될 것이다.

03 **broke out** | 한국전쟁은 1950년 6월 25일에 발발했다.

04 **will do** | A: 나는 무거운 상자를 옮겨야 해. / B: 걱정하지 마. 내가 널 위해 그걸 할게. 그것이 어디에 있니?

05 **will review** | 나는 다음 주 후반에 이 보고서들을 철저히 검토할 것이다.

06

기호	틀린 표현	고친 표현
(C)	arrived	will arrive 또는 arrive
(D)	will upload	uploaded

| (A) 찰리는 지난 학기에 지리학 수업에서 A를 받았다.
(B) 그의 여동생은 그저께 캐나다에 갔다.
(C) 나는 어제 책을 주문했다. 나는 그것들이 이틀 후에 도착했길(→ 도착하길) 바란다.
(D) 마이크는 두 시간 전에 소셜 미디어에 자신의 사진을 업로드할 것이다(→ 업로드 했다).
(E) 우리 가족은 내일 저녁 파티에서 바비큐를 할 것이다.

[해설] (C) 문맥과 부사구 in two days를 고려하여 미래시제 또는 가까운 미래를 나타내는 현재시제로 바꿔 써야 한다.
(D) two hours ago가 과거의 때를 나타내므로 과거시제로 바꿔 써야 한다.

감점	채점 기준
-15	기호와 틀린 표현을 하나 찾지 못한 경우
-10	틀린 표현을 바르게 고치지 못한 경우

UNIT 06~07 현재시제 · 과거시제 · 미래시제

01

기호	틀린 표현	고친 표현
(B)	moved	moves
(C)	will seem	seem

| (A) 그 연극은 7시 30분에 시작하나요, 아니면 8시에 시작하나요?
(B) 달은 지구 주변을 돌았다(→ 돈다).
(C) 그 병원에 있는 의사들은 요즘 매우 바빠 보일 것이다(→ 보인다).
(D) 저 사람들은 보통 구내식당에서 점심으로 샐러드를 먹는다.
(E) 내 소포가 일주일 전에 공항에 도착했다.

[해설] (B) '언제나 사실인 것'에 관한 내용이므로 과거시제 moved는 현재시제 moves로 바꿔 써야 한다.
(C) these days가 현재 상태를 나타내고 있으므로 미래시제 will seem은 현재시제 seem으로 바꿔 써야 한다.

감점	채점 기준
-10	기호와 틀린 표현을 하나 찾지 못한 경우
-10	틀린 표현을 바르게 고치지 못한 경우

02 finishes the day after tomorrow
[해설] 현재시제는 미래를 뜻하는 부사(구)와 함께 쓰이면 가까운 미래에 정해진 일정을 나타낼 수 있다. 주어가 Our team project이므로 동사를 단수형인 finishes로 바꿔 쓴다.

03 The boy always goes to the gym
[해설] 반복되는 일을 나타내는 현재시제를 써야 한다. 주어가 The boy이므로 동사 go를 단수형인 goes로 바꿔 쓴다. 또한 빈도부사는 대개 주어와 동사 사이에 오며, be동사나 조동사가 있으면 그 뒤에 온다.

04 will release a new song after two years
[해설] after two years가 미래의 때를 나타내므로 미래시제를 사용한다.

05 departed at 3:15 p.m. yesterday
[해설] yesterday가 과거의 때를 나타내므로 동사 depart를 과거형인 departed로 바꿔 쓴다.

06 sometimes rides his bike in the park
[해설] 반복되는 일을 나타내는 현재시제를 써야 한다. 주어가 3인칭 단수(Mark)이므로 동사 ride를 단수형인 rides로 바꿔 쓰고 빈도부사 sometimes는 주어와 동사 사이에 위치시킨다.

배점	채점 기준
6	어순은 올바르나 어형 변형이 틀린 경우

UNIT 08 현재진행형이 나타내는 때 · 의미

[01~07] 〈보기〉 나는 지금 병원에 가는 중이다.

01 ○ | 우리 아들은 매일 아침 영어 수업을 듣는다.
[해설] 반복적인 일을 나타내는 현재시제가 적절히 쓰였다.

02 ○ | 나는 이번 달 그 화장품 회사에서 일하고 있다.
[해설] 일시적인 일을 나타내는 현재진행형이 적절히 쓰였다.

03 ✕, boils | 물은 섭씨 100도에서 끓는다.
[해설] 언제나 사실인 것을 나타낼 때는 현재진행형이 아닌 현재시제를 써야 한다.

04 ✕, is raining | 지금 비가 많이 오고 있어. 장화를 신어.
[해설] 지금 비가 내리는 중이므로 현재시제를 현재진행형으로 고쳐 써야 한다.

05 ○ | 그는 항상 사무실로 직접 운전해서 간다.
[해설] 반복적인 일을 나타내는 현재시제가 적절히 쓰였다.

06 ✕, is wearing | 그녀는 보통 귀걸이를 하지 않는데, 오늘은 그것(= 귀걸이)을 하고 있다.
[해설] 평소와 다른 일시적인 일을 나타낼 때는 현재시제가 아닌 현재진행형을 써야 한다.

07 ○ | 그들은 요즘 경제 문제들에 대해 이야기하고 있다.
[해설] 최근 변화하고 있는 일을 의미하는 현재진행형이 적절히 쓰였다.

감점	채점 기준
-2	✕는 올바르게 표시했지만, 틀린 부분을 바르게 고치지 못한 경우

08 이사 갈 예정이다, 미래 | 우리는 다음 달에 대구로 이사 갈 예정이다.
[해설] 현재진행형이 미래를 뜻하는 부사 next month와 함께 쓰여 미래를 나타낸다.

09 요리하고 계신다, 현재 | 우리 아빠는 주방에서 저녁 식사를 요리하고 계신다.
[해설] 현재진행형이 현재 하고 있는 동작을 나타낸다.

10 할 예정이다, 미래 | 켄은 이번 주말에 자신의 과학 숙제를 할 예정이다.

해설 현재진행형이 미래를 뜻하는 부사 this weekend와 함께 쓰여 미래를 나타낸다.

11 갈 예정이다, 미래 | 벤은 내일 일본으로 출장을 갈 예정이다.

해설 현재진행형이 미래를 뜻하는 부사 tomorrow와 함께 쓰여 미래를 나타낸다.

12 쓰고 있다, 현재 | 나는 지금 내가 가장 좋아하는 영화에 관한 에세이를 쓰고 있다.

해설 현재진행형이 현재를 뜻하는 부사 now와 함께 쓰여 현재를 나타낸다.

13 데려다줄 예정이다, 미래 | 사라는 나중에 자신의 딸을 음악 수업에 데려다줄 예정이다.

해설 현재진행형이 미래를 뜻하는 부사 later와 함께 쓰여 미래를 나타낸다.

14 하고 있다, 현재 | 지민이의 남동생과 나는 지금 축구를 하고 있다.

해설 현재진행형이 현재를 뜻하는 부사 at this moment와 함께 쓰여 현재를 나타낸다.

15 먹고 있다, 현재 | A: 케이트 씨는 지금 무엇을 하고 있나요? / B: 그녀는 식당에서 동료와 함께 점심을 먹고 있어요.

해설 현재진행형이 현재 하고 있는 동작을 나타낸다.

배점	채점 기준
4	해석을 바르게 한 경우
5	✔를 바르게 표시한 경우

UNIT 09 과거진행형 · 미래진행형

01 was listening | 그는 어제 아침 음악을 듣고 있었다.

02 will be snowing | 내일 저녁 이 시간에는 눈이 오고 있을 것이다.

03 will be meeting | 우리는 한 시간 후에 우리의 새로운 상사를 만나고 있을 것이다.

해설 구어에서는 단순 미래시제인 will meet도 큰 의미 차이 없이 혼용하여 사용한다.

04 was living | 린다의 가족은 2019년에 뉴욕에 살고 있었다.

05 넬슨은 지난 일요일 오전 10시에 공부를 하고 있었다.

06 나는 다음 주 이 시간에는 해변에 누워있을 것이다.

배점	채점 기준
5	동사 시제의 해석은 바르지만 다른 부분 해석이 틀린 경우
5	다른 부분 해석은 바르지만 동사 시제 해석이 틀린 경우

07 were studying history | A: 팀과 제니는 어젯밤에 무엇을 하고 있었니? / B: 그들은 함께 역사를 공부하고 있었어.

해설 어젯밤 일에 대해 묻는 말에 대한 대답이므로 과거진행형이 적절

하다.

08 will be playing tennis | A: 너는 내일 아침 이 시간에는 무엇을 하고 있을 거니? / B: 나는 내일 아침 이 시간에는 테니스를 치고 있을 거야.

해설 내일 아침 이 시간에 하고 있을 일에 관한 것이므로 미래진행형이 적절하다.

09 will be working | A: 에릭에게 무슨 일이 있었는지 아니? / B: 에릭은 어젯밤 자동차 사고가 나서 병원에 있어. 내 생각에 그는 내년 3월에 다시 일하고 있을 거야.

해설 내년 3월에 있을 일에 관한 것이므로 미래진행형이 적절하다.

10 was taking care of my sister | A: 어제 왜 결승전을 놓쳤니? 그건 굉장했어! / B: 나는 그때 여동생을 돌보고 있었어.

해설 어제 특정 시점의 일에 관한 것이므로 과거진행형이 적절하다.

UNIT 10 현재완료형의 개념과 의미

01 since | 사만다는 2018년부터 의사였다.

02 for | 나는 6개월 동안 규칙적으로 운동해왔다.

03 since | 이번 주는 월요일부터 매우 바빴다.

04 since | 그들은 지난달부터 배드민턴을 배워왔다.

05 for | 내 삼촌은 10년 동안 같은 노트북을 써오셨다.

06 has won | 제시카는 지금까지 음악 대회에서 세 번 우승했다.

해설 현재완료와 같이 자주 쓰이는 부사구 so far가 쓰여 '과거부터 지금까지 ~해왔다'를 나타내므로 현재완료형이 적절하다.

07 lost | 그녀의 아들은 이틀 전에 휴대폰을 잃어버렸다.

해설 명백한 과거를 나타내는 부사구 two days ago가 왔으므로 과거시제가 적절하다.

08 ran | 닉과 조는 그저께 서로를 우연히 마주쳤다.

해설 명백한 과거를 나타내는 부사구 the day before yesterday가 왔으므로 과거시제가 적절하다.

09 have taken | 그들은 2시부터 명상 수업을 듣고 있다.

해설 현재완료와 같이 자주 쓰이는 부사구 since two o'clock이 쓰여 과거 특정 시점부터 지금까지 계속되는 일을 의미하므로 현재완료형이 적절하다.

10 창문을 계속 열어 뒀다 | 나는 오늘 아침부터 창문을 계속 열어 뒀다.

해설 현재완료가 문맥상 '계속'을 의미한다.

11 막 끝냈다 | 그는 방금 자신의 일을 막 끝냈다. 그는 이제 쉴 수 있다.

해설 현재완료가 문맥상 '완료'를 의미한다.

12 시험을 아직 끝내지 못했다 | 그녀의 반 학생들은 시험을 아직 끝내지 못했다.

해설 현재완료가 문맥상 '완료'를 의미한다.

13 **전혀 먹어본 일이 없다** | 그 아기는 매운 음식을 전혀 먹어본 일이 없다. 그 애는 겨우 두 살이다.

[해설] 현재완료가 문맥상 '경험'을 의미한다.

---

14 **has played** | A: 그녀는 얼마나 오래 바이올린을 연주해 왔니? / B: 그녀는 6년 동안 바이올린을 연주해왔어.

[해설] 부사구 for six years가 왔으므로 문맥상 '계속'을 의미하는 현재완료가 적절하다.

15 **have learned** | A: 너는 학교에서 스페인어를 배운 일이 있니? / B: 아니. 나는 배운 일이 없어. 하지만 이전에 일본어는 배운 일이 있어.

[해설] 부사 before가 왔으므로 문맥상 과거의 '경험'을 의미하는 현재완료가 적절하다.

16 **hasn't[has not] called** | A: 지난 주말에 클라라가 남자친구와 싸웠니? / B: 그런 것 같아. 그녀는 그 이후로 그에게 전화하지 않았어.

[해설] 부사구 since then이 왔으므로 문맥상 '계속'을 의미하는 현재완료가 적절하다.

17 **have known** | A: 이 사진 속의 사람들은 누구니? / B: 그 애들은 미국에 있는 나의 가장 친한 친구들이야. 나는 그들을 10년 넘게 알아왔어.

[해설] 부사구 for more than 10 years가 왔으므로 문맥상 '계속'을 의미하는 현재완료가 적절하다.

18 **finished, hasn't[has not] left** | A: 나의 상관은 한 시간 전에 프로젝트를 마쳤어. / B: 알아. 하지만 그녀는 아직 사무실을 떠나지 않았어.

[해설] A에는 명백한 과거를 나타내는 부사구 an hour ago가 왔으므로 과거시제가 적절하며, B에는 아직도 사무실을 떠나지 않고 있다는 '완료'를 의미하는 현재완료가 적절하다.

19 **I have heard that song**

[해설] '경험'을 의미하는 현재완료가 쓰였다.

20 **The player has scored 10 goals**

[해설] '계속'을 의미하는 현재완료가 쓰였다.

21 **My parents have lived in the same house**

[해설] '계속'을 의미하는 현재완료가 쓰였다.

22 **have just come back from a week**

[해설] '완료'를 의미하는 현재완료가 쓰였다.

23 **He has worked at the trading company**

[해설] '계속'을 의미하는 현재완료가 쓰였다.

배점	채점 기준
3	어순은 올바르나 어형 변형이 틀린 경우

CHAPTER 03 동사에 의미를 더하는 조동사

UNIT 11 can / may

01 **am able to** | 나는 내 개를 잘 돌볼 수 있다.

02 **are not[aren't] able to / are unable to** | 펭귄들은 새지만, 그것들은 날 수 없다.

03 **was able to** | 민수는 세 살의 나이에 한글을 읽을 수 있었다.

04 **were able to** | 우리는 매트와 에이미를 만날 수 있었다. 우리는 그들과 함께 한 시간을 보냈다.

05 **were not[weren't] able to / were unable to** | 그들은 강한 폭풍 때문에 산을 오를 수 없었다.

---

06 **현재나 미래** | 저기 있는 TV를 좀 꺼줄 수 있니? (→ 요청)

07 **현재나 미래** | 내가 매일 너를 (가는 길에) 내려줄게, 아니면 너는 내 차를 써도 돼. (→ 허락)

08 **과거** | 제임스는 내 생일파티에 올 수 없었다. 그는 아팠다. (→ 과거의 능력)

09 **과거** | 우리는 소음 때문에 어젯밤 잠을 잘 잘 수 없었다. (→ 과거의 능력)

10 **현재나 미래** | 당신은 정말로 혼자 가고 싶어요? 제가 같이 가줄 수 있어요. (→ 제안)

---

11 **크게 말해서는 안 된다** | 너는 지하철에서 크게 말해서는 안 된다. 그것은 실례이다. (→ 금지)

12 **영화를 보러 가도 된다** | 너는 시험 후에 친구들과 영화를 보러 가도 된다. (→ 허락)

13 **그것을 찾을 수 없다, 그것은 의자나 바닥 위에 있을지도 모른다** | A: 내 지갑이 어딨지? 난 그것을 찾을 수 없어. (→ 능력) / B: 나도 몰라. 그것은 의자나 바닥 위에 있을지도 몰라. (→ 가능성, 추측)

14 **오늘 밤에 비가 올지도 모른다** | 하늘을 봐봐. 오늘 밤에 비가 올지도 몰라. (→ 가능성, 추측)

[해설] 여기서 It은 비인칭 주어로 '날씨'를 나타낸다. 특정한 의미가 없으므로 '그것'으로 해석하지 않는다. ≪ UNIT 52

15 자신의 연기력을 향상시킬 수 있었다 | 토니는 감독의 도움으로 자신의 연기력을 향상시킬 수 있었다. (→ 능력)

배점	채점 기준
3	조동사 해석은 바르지만 다른 부분 해석이 틀린 경우
2	다른 부분 해석은 바르지만 조동사 해석이 틀린 경우

16 ② | A: TV를 켜도 될까요? / B: ② 미안하지만, 안 돼. 너는 지금 자러 가야 해.
① 그래, 내가 할게. ③ 난 그럴 수 없을 것 같아.
④ 그래, 그렇게 하렴. ⑤ 아니, 난 그럴 수 없었어.

17 ③ | A: 이 검정 펜으로 정답을 적어도 될까요? / B: ③ 물론이죠, 됩니다. 그렇게 하세요.
① 네, 당신이 그랬죠. ② 아뇨, 그럴 리 없어요.
④ 아뇨, 전 그럴 수 없었어요. ⑤ 전 그럴 수 없을 것 같아요.

18 ④ | A: ④ 그들이 진의 집을 찾을 수 있었니? / B: 찾을 수 없었던 것 같아. 그들은 길을 잃었어.
① 그가 찾을 수 있니 ② 제가 알 수 있을까
③ 그들이 찾을 수 있을까 ⑤ 네가 찾을 수 있니

19 ② | 당신은 다량으로 쌓여 있는 책들을 들고 있어서 문을 열 수가 없다. 당신이 다른 학생에게 말한다.
① 내가 너를 위해 책을 들어줄까?
② 나를 위해 문을 열어줄 수 있겠니?

20 ① | 파티에서 한 남자가 사라를 소개받았지만, 그는 한 시간 후 그녀의 이름을 잊어버렸다. 그는 그녀의 이름을 다시 물어보려고 한다.
① 제가 성함을 다시 물어봐도 될까요?
② 제 이름을 기억해 주시겠어요?

21 ② | 선생님께서 지난주 당신에게 숙제를 내주셨지만, 당신은 아직 그 것을 끝내지 못했다. 마감 기한은 오늘 오후 4시이며 벌써 3시 30분이다. 당신의 친구가 당신에게 묻는다.
① 내가 오후 4시까지 내 숙제를 끝내도 될까?
② 너 숙제를 오후 4시까지 끝낼 수 있겠니?

UNIT 12 must / should

01 그녀는 틀림없이 문제를 가지고 있을 것이다 | 엠마는 슬퍼 보인다. 그녀는 틀림없이 문제를 가지고 있을 것이다.

02 너는 패스트푸드를 너무 자주 먹어서는 안 된다 | 너는 패스트푸드를 너무 자주 먹어서는 안 된다. 그것은 건강에 좋지 않다.

03 그는 문을 잠그지 않은 채로 놔두어야 한다 | 그는 문을 잠그지 않은 채로 놔두어야 한다.

04 톰은 너무 늦게 깨어있지 않는 게 낫다 | 톰은 너무 늦게 깨어있지 않는 게 낫다.

05 우리는 어떤 소음도 내서는 안 된다 | 우리는 도서관에서 어떤 소음도 내서는 안 된다.

06 너는 우산을 가져갈 필요가 없다 | 너는 우산을 가져갈 필요가 없다. 오늘은 맑을 것이다.

07 내 여동생은 집에 가야 한다 | 내 여동생은 집에 가서 약간의 휴식을 취해야 한다.

08 방문객들은 지도를 따라가야 한다 | 방문객들은 이 미로에서는 지도를 따라가야 한다.

09 had better | 저스틴은 아파 보인다. 그는 집에 가는 편이 더 좋겠다.

10 must | 지난밤, 메리는 전혀 잠을 잘 수 없었다. 그녀는 지금 틀림없이 피곤할 것이다.

11 should | 아버지의 차가 고장이 났다. 그는 도움을 요청하셔야 한다.

12 must not | 졸릴 때는 운전을 해서는 안 된다. 그것은 위험하다.

13 ought to | 학생들은 문에 먼저 노크를 해야 한다. 수업이 있을지도 모른다.

해설 need not: ~할 필요가 없다(= don't need[have] to)

14 ③, ④ | A: 제가 저녁 식사를 위해 테이블을 예약해야 할까요?
① 그럼요. 지금은 오시지 않는 게 낫습니다.
② 아뇨, 테이블을 예약하셔야 합니다.
③ 네, 그렇게 하셔야 합니다. 저희가 그때는 바쁘거든요.
④ 아니요, 하실 필요 없습니다. 그냥 오셔서 즐기세요.
⑤ 물론이죠, 손님의 와인을 가져오셔야 합니다.

15 ④, ⑤ | B: 네, 알고 있어요. 그들은 쉽게 놓치게 되죠.
① 당신은 당신의 아이들을 돌봐서는 안 됩니다.
② 당신은 당신의 아이들을 혼자 둘 필요는 없습니다.
③ 당신은 당신의 아이들을 항상 지켜볼 필요가 없습니다.
④ 당신은 항상 당신의 아이들을 지켜봐야 합니다.
⑤ 당신은 당신의 아이들을 시야에서 벗어나지 않게 하는 것이 좋습니다.

16

A	B
당신은 균형 잡힌 식사를 해야 한다.	더 오래 살려면, 더 잘 먹어라.
당신은 일상에서 플라스틱 컵을 사용해선 안 된다.	더 많은 친구를 사귀어라.
당신은 가능한 한 학우들의 말에 귀 기울여야 한다.	지구를 구하는 방법

17

A	B
너 자신을 다른 사람들과 비교하지 않는 게 낫다.	정직이 최선의 방책이다.
거짓말해서는 안 된다.	너 자신이 되어라.
가치 있는 것을 성취하기 위해 고통을 견뎌야 한다.	고통 없이는 얻는 것도 없다.

감점	채점 기준
-3	짝을 하나 잘못 찾은 경우

UNIT 13 will / would / used to

01 현재나 미래 | 저희를 집에 태워다 주시겠어요?

02 과거 | 그는 작년에는 주말마다 낚시를 가곤 했다.

03 현재나 미래 | 그 영화관으로 가는 길을 제게 가르쳐 주시겠어요?

04 현재나 미래 | 나는 내일 한가하다. 너를 데리러 가고 싶다.

05 과거 | 우리 삼촌은 내가 어린 시절에 선물들을 가지고 나를 찾아 오시곤 하셨다.

06 현재나 미래 | 당신의 김치 요리법을 말해줄래요? 전 그게 정말 좋아요.

07 곧 비가 내릴 것이다 | 구름이 많이 끼었다. 곧 비가 내릴 것이다.

08 사람들이 검을 가지고 싸우곤 했다 | 옛날에는, 사람들이 검을 가지고 싸우곤 했다.

09 제 여동생을 보살펴 주시겠어요 | 잠시 동안 제 여동생을 보살펴 주시겠어요?

10 나는 차 한 잔을 마시고 싶다 | 나는 커피 대신에 차 한 잔을 마시고 싶다.

11 그녀는 (예전에는) 매우 수줍음이 많은 소녀였다 | 그녀는 사람들을 만나는 것을 좋아한다. 그러나 그녀는 (예전에는) 매우 수줍음이 많은 소녀였다.

12 그녀는 큰 안경을 착용하곤 했다 | 케이티는 콘택트렌즈를 착용한다. 그러나 이전에는, 큰 안경을 착용하곤 했다.

13 제가 당신의 사진을 찍어드릴까요 | 제가 당신의 사진을 찍어드릴까요?

14 나는 혼자 걷는 것이 좋겠다 | 나는 해리와 차를 타는 것보다 혼자 걷는 것이 좋겠다. 나는 더 이상 그의 주변이 있고 싶지 않다.

15 너는 그의 실수를 비웃지 않는 것이 좋겠다 | 너는 그의 실수를 비웃지 않는 것이 좋겠다. 우리 모두는 살면서 실수를 한다.

16 ○ | 진통제는 통증을 완화시키는 데 사용된다.

> 해설 be used to-v: v하는 데 사용되다

17 ✕, studying | 내 친구는 밤에 공부하는 것에 익숙하다. 그녀는 저녁형 인간이다.

> 해설 be used to v-ing: v하는 것에 익숙하다

18 ○ | 학교에서, 나는 점심 식사 후에 낮잠을 자곤 했다. 이제, 나는 축구를 한다.

> 해설 used to: ~하곤 했다

19 ✕, using | 나이 든 사람들은 온라인 결제 시스템을 이용하는 데 익숙하지 않다.

20 ✕, be | 나는 3년간 스페인에 살았다. 나는 (예전에는) 스페인어를 잘했다.

> 해설 예전에 스페인어를 잘했다는 과거의 계속된 상태를 가리키기 위해 used to 뒤에 동사 be가 와야 한다.

감점	채점 기준
-2	✕는 올바르게 표시했지만, 틀린 부분을 바르게 고치지 못한 경우

21 Would you like to come with us

> 해설 Would you like (to-v) ~?: ~하시겠습니까?

22 used to work out near the river

23 will be used to help the poor

> 해설 〈the+형용사〉는 '~한[인] 사람들'의 뜻이다.

24 used to have long hair

> 해설 과거의 상태를 나타낼 때는 used to를 쓴다.

25 would rather not take a break

배점	채점 기준
4	[ ] 안에서 알맞은 것을 골랐으나 어순이 틀린 경우

UNIT 14 조동사+have p.p.

01 누군가가 그것을 사용했음이 틀림없다 | 내 노트북이 켜져 있다. 누군가가 그것을 사용했음이 틀림없다.

02 그들은 나의 조언을 따랐어야 했는데 (따르지 않았다) | 그들은 자신들의 프로젝트에 대한 나의 조언을 따랐어야 했는데 (따르지 않았다).

03 그는 (어쩌면) 해외에서 살았을 수도 있다 | 제이콥은 외국 친구들이 많이 있다. 그는 (어쩌면) 해외에서 살았을 수도 있다.

04 그녀는 (어쩌면) 기차를 놓쳤을지도 모른다 | 로렌이 아직 도착하지 않았다. 그녀는 (어쩌면) 기차를 놓쳤을지도 모른다.

05 내 여동생이 (어쩌면) 그것을 입었을지도 모른다 | 나는 내 파란색 치마를 찾을 수 없다. 오늘 아침에 내 여동생이 (어쩌면) 그것을 입었을지도 모른다.

06 토니가 나를 봤을 리가 없다 | 나는 지난 저녁 도서관에 있었다. 토니가 공항에서 나를 봤을 리가 없다.

07 be | 지미는 오늘 결석했다. 그는 지금 아플지도 모른다.

08 have drunk | 나는 어젯밤 커피를 마시지 않았어야 했는데 (마셨다). 나는 밤새 깨어있었다.

09 write | 그녀의 생일이 다가오고 있다. 우리는 생일 카드를 써야 한다.

10 clean | 우리의 손님들은 곧 도착하실 것이다. 우리는 지금 방을 치워야 한다.

11 have received | 나는 2주 전에 린에게 선물을 보냈다. 그녀는 그것을 지난주에 받았을지도 모른다.

12 ○ | 날씨를 확인해 보자. 지금쯤이면 비가 그쳤을지도 모른다.

13 ✕, shouldn't | 너는 그녀를 늦어진 것을 이유로 비난하지 말았어야 했는데 (비난했다). 그것은 그녀의 잘못이 아니었다.

해설 '비난하지 말았어야 했다'는 의미가 되어야 하므로 shouldn't가 와야 한다. 〈shouldn't have p.p.: ~하지 말았어야 했는데 (했다)〉

14 ✕, can't[cannot] | 제임스는 요리를 못한다. 그가 이 맛있는 음식들을 만들었을 리가 없다.

해설 '만들었을 리가 없다'는 의미가 되어야 하므로 can't[cannot]이 와야 한다. 〈can't[cannot] have p.p.: ~했을 리가 없다〉

15 ○ | 한 소년이 길 위에서 혼자 울고 있었다. 그는 엄마를 잃어버렸을 수도 있다.

16 ✕, should | 내 아이는 책을 찾을 수 없었다. 그 애는 그 책 위에 자기 이름을 써놓았어야 했는데 (쓰지 않았다).

해설 '써놓았어야 했다'는 의미가 되어야 하므로 should가 와야 한다. 〈should have p.p.: ~했어야 했는데 (하지 않았다)〉

감점	채점 기준
-2	✕는 올바르게 표시했지만, 틀린 부분을 바르게 고치지 못한 경우

17 ⓐ | 그녀는 작년에 유럽을 여행했다.
ⓐ 그녀는 영국에 갔을지도 모른다.
ⓑ 그녀는 독일에서 축제를 즐겼을 리가 없다.

18 ⓑ | 나는 성적이 좋지 않기 때문에 시험을 통과하지 못했다.
ⓐ 내가 시험에서 실수했을 리가 없다.
ⓑ 나는 더 열심히 공부했어야 했는데 (하지 않았다).

19 ⓑ | 그는 왼쪽 다리에 깁스를 하고 있다.
ⓐ 그는 매우 조심스러웠음이 틀림없다.
ⓑ 그는 계단에서 굴러 떨어졌을지도 모른다.

20 ⓐ | 나는 안젤라를 마주쳤는데 그녀는 달라 보였다.
ⓐ 그녀는 살을 조금 뺐을 수도 있다.
ⓑ 그녀는 머리 스타일을 바꿨을 리가 없다.

21 ⓐ | 땅이 젖었고 큰 물웅덩이로 가득하다.
ⓐ 어젯밤에 비가 왔음이 틀림없다.
ⓑ 어제 날씨가 화창했을 수도 있다.

22 I shouldn't have told her secret

23 He cannot have paid attention in class

24 I must have caught this cold from my roommate

배점	채점 기준
4	어순과 추가한 단어는 올바르나 어형 변형이 틀린 경우

CHAPTER **04** 주어와 동사의 관계를 보여주는 태

UNIT 15 주어가 동작을 받는 표현, be p.p.

01

	현재시제	과거시제
teach	am taught	was taught
bring	is brought	was brought
follow	am followed	was followed
build	are built	were built
write	are written	were written
throw	is thrown	was thrown
eat	are eaten	were eaten
bite	is bitten	was bitten
cut	is cut	was cut
catch	are caught	were caught
hold	is held	was held
sell	is sold	was sold
read	are read	were read
make	is made	was made
hit	is hit	was hit

슬픈 이야기가 그녀에 의해 말해진다. / 슬픈 이야기가 그녀에 의해 말해졌다. / 나는 영어 선생님에 의해 가르침을 받는다. / 나는 영어 선생님에 의해 가르침을 받았다. / 그 케이크는 그녀의 친구들에 의해 가져와진다. / 그 케이크는 그녀의 친구들에 의해 가져와졌다. / 그 개가 나를 뒤따른다. / 그 개가 나를 뒤따랐다. / 그 눈사람들은 안나에 의해 만들어진다. / 그 눈사람들은 안나에 의해 만들어졌다. / 이 시들은 쉬운 영어로 쓰여져 있다. / 이 시들은 쉬운 영어로 쓰였다. / 그 공은 투수에 의해 던져진다. / 그 공은 투수에 의해 던져졌다. / 그 햄버거들은 그들에 의해 먹힌다. / 그 햄버거들은 그들에 의해 먹혔다. / 내 아들이 모기에 물린다. / 내 아들이 모기에 물렸다. / 내 머리카락이 미용사에 의해 잘린다. / 내 머리카락이 미용사에 의해 잘렸다. / 그 도둑들은 경찰에 의해 잡힌다. / 그 도둑들은 경찰에 의해 잡혔다. / 그 축제는 주말에 열린다. / 그 축제는 주말에 열렸다. / 그 제품은 그 회사에 의해 팔린다. / 그 제품은 그 회사에 의해 팔렸다. / 그 책들은 학생들에 의해 읽힌다. / 그 책들은 학생들에 의해 읽혔다. / 그 소리는 개구리들에 의해 만들어진다. / 그 소리는 개구리들에 의해 만들어졌다. / 내 친구가 공에 맞는다. / 내 친구가 공에 맞았다.

02 신문이 매일 아침 배달된다.

03 개미들이 바닥에 있는 쿠키를 먹었다.

04 음악이 매우 크게 연주되었다.

05 많은 성인들이 요즘 웹툰을 읽는다.

06 그 수영장은 매일 청소되어 좋아 보였다.

배점	채점 기준
3	태 해석은 바르지만 다른 부분 해석이 틀린 경우
1	다른 부분 해석은 바르지만 태 해석이 틀린 경우

07 **was caught** | 그 큰 물고기는 쉽게 잡혔다.

해설 물고기가 '잡히는' 것이므로 주어(The big fish)와 동사(catch)는 수동 관계이다.

08 **finished** | 테드는 작년에 로스쿨을 마쳤다.

해설 테드가 로스쿨을 '마친' 것이므로 주어(Ted)와 동사(finish)는 능동 관계이다.

09 **holds** | 그 대학은 매년 말하기 대회를 개최한다.

해설 대학이 말하기 대회를 '개최하는' 것이므로 주어(The university)와 동사(hold)는 능동 관계이다.

10 **are harvested** | 세계 아몬드의 80%는 캘리포니아에서 수확된다.

해설 아몬드가 '수확되는' 것이므로 주어(80% of the world's almonds)와 동사(harvest)는 수동 관계이다.

11 **was written by Shakespeare** | 셰익스피어는 1601년에 〈햄릿〉을 집필했다. → 〈햄릿〉은 1601년에 셰익스피어에 의해 집필되었다.

해설 write(-wrote-written-writing)는 불규칙 변화형 동사

12 **was invented by Edison** | 에디슨은 1879년에 백열전구를 발명했다. → 백열전구는 1879년에 에디슨에 의해 발명되었다.

13 **are exported by the company** | 그 회사는 많은 종류의 물품을 매달 수출한다. → 많은 종류의 물품이 그 회사에 의해 매달 수출된다.

14 **is cut by the gardener** | 그 정원사는 일주일에 한 번 정원의 잔디를 깎는다. → 정원의 잔디는 일주일에 한 번 그 정원사에 의해 깎인다.

해설 cut(-cut-cut-cutting)은 불규칙 변화형 동사

UNIT 16 시제 형태에 주의할 수동태

01

	미래시제(will)	현재진행	과거진행	현재완료
buy	will be bought	is being bought	was being bought	has been bought
break	will be broken	are being broken	were being broken	have been broken
choose	will be chosen	is being chosen	was being chosen	has been chosen
send	will be sent	is being sent	was being sent	has been sent
find	will be found	are being found	were being found	have been found
found	will be founded	is being founded	was being founded	has been founded
spread	will be spread	is being spread	was being spread	has been spread
leave	will be left	is being left	was being left	has been left
steal	will be stolen	is being stolen	was being stolen	has been stolen
take	will be taken	are being taken	were being taken	have been taken
tear	will be torn	are being torn	were being torn	have been torn
give	will be given	is being given	was being given	has been given

그 불꽃놀이는 강 너머에서 보일 것이다. / 그 불꽃놀이는 강 너머에서 보이는 중이다. / 그 불꽃놀이는 강 너머에서 보이는 중이었다. / 그 불꽃놀이는 강 너머에서 보여 왔다. / 그 수박은 시장에서 구매될 것이다. / 그 수박은 시장에서 구매되고 있다. / 그 수박은 시장에서 구매되고 있었다. / 그 수박은 시장에서 구매되어 왔다. / 그 창문은 강한 바람에 의해 깨질 것이다. / 그 창문은 강한 바람에 의해 깨지는 중이다. / 그 창문은 강한 바람에 의해 깨지는 중이었다. / 그 창문은 강한 바람에 의해 깨졌다. / 그 도시는 세계에서 가장 살기 좋은 도시로 선정될 것이다. / 그 도시는 세계에서 가장 살기 좋은 도시로 선정되는 중이다. / 그 도시는 세계에서 가장 살기 좋은 도시로 선정되는 중이었다. / 그 도시는 세계에서 가장 살기 좋은 도시로 선정되었다. / 그 소포는 너에게 보내질 것이다. / 그 소포는 너에게 보내지고 있다. / 그 소포는 너에게 보내지고 있었다. / 그 소포는 너에게 보내졌다. / 중요한 단서들이 경찰에 의해 발견될 것이다. / 중요한 단서들이 경찰에 의해 발견되고 있다. / 중요한 단서들이 경찰에 의해 발견되고 있었다. / 중요한 단서들이 경찰에 의해 발견되어 왔다. / 새로운 학교가 시장에 의해 설립될 것이다. / 새로운 학교가 시장에 의해 설립되고 있다. / 새로운 학교가 시장에 의해 설립되고 있었다. / 새로운 학교가 시장에 의해 설립되었다. / 그 소문은 사람들에 의해 퍼질 것이다. / 그 소문은 사람들에 의해 퍼지고 있다. / 그 소문은 사람들에 의해 퍼지고 있었다. / 그 소문은 사람들에 의해 퍼졌다. / 많은 그의 돈이 그의 가족에게 남겨질 것이다. / 많은 그의 돈이 그의 가족에게 남겨지고 있다. / 많은 그의 돈이 그의 가족에게 남겨지고 있었다. / 많은 그의 돈이 그의 가족에게 남겨졌다. / 그 금반지는 도둑에 의해 훔쳐질 것이다. / 그 금반지는 도둑에 의해 훔쳐지고 있다. / 그 금반지는 도둑에 의해 훔쳐지고 있었다. / 그 금반지는 도둑에 의해 훔쳐졌다. / 우리 결혼사진은 그 사진사에 의해 찍힐 것이다. / 우리 결혼사진이 그 사진사에 의

해 찍히고 있다. / 우리 결혼사진이 그 사진사에 의해 찍히고 있었다. / 우리 결혼사진이 그 사진사에 의해 찍혔다. / 신문이 고양이에 의해 찢길 것이다. / 신문이 고양이에 의해 찢기고 있다. / 신문이 고양이에 의해 찢기고 있었다. / 신문이 고양이에 의해 찢겨졌다. / 할인쿠폰이 우리 가게에 의해 주어질 것이다. / 할인쿠폰이 우리 가게에 의해 주어지고 있다. / 할인쿠폰이 우리 가게에 의해 주어지고 있었다. / 할인쿠폰이 우리 가게에 의해 주어졌다.

02 be seen | 오늘 밤 보름달이 보일 수 있다.

03 been sent | 이 편지들은 내 아들에 의해 보내졌다.

04 clean | 너는 오늘까지 너의 방을 청소해야 한다.

> 해설 뒤에 나오는 by today에서 by는 시간의 한계를 나타내며 '~까지'로 해석한다.

05 being taken | 수학 시험은 오늘 오전에 치러지고 있었다.

06 been painted | 그 그림들은 벽에 그려졌다.

07 handling | 정부는 그 문제를 다루지 않고 있다.

08 find | 너는 이 지도로 그 건물을 쉽게 찾을 것이다.

09 be repaired | 그 궁전의 북쪽 부속 건물은 이번 달에 보수될 것이다.

10 been held | 그 경매는 2012년부터 매년 마이애미에서 열려왔다.

11 checking | 그 감독은 직접 세부 사항을 점검하는 중이다.

> 해설 뒤에 나오는 by himself를 〈by+행위자〉로 착각하지 않도록 주의한다. by oneself는 '직접; 혼자'라는 의미이다.

12 will be donated

13 were taking

> 해설 학생들이 수업을 듣고 있는 '능동'의 의미이므로 능동 과거진행형(were taking)이 적절하다.

14 can be stored

15 hasn't[has not] been made

16 is being reported

> 해설 news는 보통 단수로 취급한다.

배점	채점 기준
2	어순과 태 변형이 올바르나 동사의 시제 변형이 틀린 경우

UNIT 17 주의해야 할 수동태

01 was put off by

02 will be looked after by

03 have been brought up by

배점	채점 기준
5	어순과 추가한 단어는 올바르나 시제 및 태 변형이 틀린 경우

04 자전거에 치였다

> 해설 run over: (차가) ~을 치다

05 전 세계 사람들에게 알려져 있다

> 해설 be known to: ~에게 알려져 있다

06 관련이 있다고들 말한다

> 해설 It is said that ~: (사람들은) ~라고들 말한다. be related to: ~와 관련이 있다. 과거분사 consumed는 앞에 있는 명사 calories를 수동의 의미로 수식한다. ≪UNIT 26

배점	채점 기준
5	수동태 해석은 바르지만 다른 부분 해석이 틀린 경우

07 with | 준수는 자신의 시험 결과에 기뻐할 것이다.

> 해설 be pleased with: ~에 대해 기뻐하다

08 in | 그녀는 암 치료법을 찾는 일에 종사하고 있다.

> 해설 be engaged in: ~에 종사하고 있다

09 of | 많은 아이들이 어둠을 두려워한다.

> 해설 be scared of: ~을 두려워하다

10 by | 친구에 의해 그 사람을 알 수 있다.

> 해설 be known by: ~에 의해 알 수 있다
> be known for: ~로 알려져 있다, ~로 유명하다

UNIT 18 주어+be p.p.+목적어

01 이메일을 받을 것이다

02 전액 장학금을 제공받았다

03 시간당 10달러를 받고 있다

04 그 정보를 듣게 될 것이다

05 나를 위해 주문되었다

06 was thrown to me

> 해설 ← My son threw me the baseball.

07 was taught honesty and diligence

> 해설 ← My parents taught me honesty and diligence.

08 have been left for me

> 해설 ← My friends have left me several messages.

09 will be cooked for the vegetarians

> 해설 ← The chef will cook the vegetarians a vegetable stew.

10 are being given lessons

> 해설 ← The teacher is giving students lessons about Korean history.

배점	채점 기준
6	어순과 태 변형이 올바르나 동사의 시제 변형이 틀린 경우

UNIT 19 주어＋be p.p.＋명사/형용사 보어

01 단순하게 만들어져야 한다

02 '천국'으로 불린다

03 위험하다고 여겨져 왔다

04 그 회사의 회장으로 임명될 것이다

05 더럽혀져 있었다[더럽혀졌다]

---

06 was felt unfair

해설 ← Employees felt the company's decision unfair.

07 was found safe

해설 ← The police found the missing child safe at the park.

08 was elected our leader

해설 ← We elected Jason our leader this year.

09 is believed harmful

해설 ← People believe too much sugar harmful for health.

10 will be named Most Valuable Player

해설 ← They will name him Most Valuable Player of this season.

배점	채점 기준
6	어순과 태 변형이 올바르나 동사의 시제 변형이 틀린 경우

UNIT 20 주어로 쓰이는 to-v와 v-ing

[01~10] 〈보기〉 빨리 걷는 것은 운동하기에 좋은 방법이다.

01 **Chewing gum, 껌을 씹는 것은** | 껌을 씹는 것은 당신의 기억력을 향상시킬 수 있다.

02 **to be late for an appointment, 약속에 늦는 것은** | 약속에 늦는 것은 무례하다.
> 해설 여기서 It은 가주어, to-v 이하가 진주어이다.

03 **Biting your fingernails, 손톱을 물어뜯는 것은** | 손톱을 물어뜯는 것은 네 치아를 손상시킬 수 있다.

04 **to feel lonely, 외로움을 느끼는 것은** | 노인들이 외로움을 느끼는 것은 좋지 않다.
> 해설 여기서 It은 가주어, to-v 이하가 진주어이다. for the elderly 는 to-v의 의미상의 주어이다.

05 **Not getting up on time, 제시간에 일어나지 않는 것은** | 제시간에 일어나지 않는 것은 나쁜 습관이다.
> 해설 동명사(v-ing)의 부정형: not[never]+v-ing

06 **Spending time wisely, 시간을 현명하게 쓰는 것은** | 시간을 현명하게 쓰는 것은 성공으로 가는 열쇠이다.

07 **To know oneself well, 자기 자신을 잘 아는 것은** | 자기 자신을 잘 아는 것은 어렵지만 중요하다.

08 **to get in touch with old friends, 오랜 친구들과 연락하고 지내는 것은** | 오랜 친구들과 연락하고 지내는 것은 의미 있다.
> 해설 여기서 It은 가주어, to-v 이하가 진주어이다.

09 **Not ignoring the truth, 진실을 모르는 체하지 않는 것은** | 진실을 모르는 체하지 않는 것은 때때로 큰 용기를 필요로 한다.

10 **not to use difficult words in your writing, 당신의 글에서 어려운 단어들을 사용하지 않는 것이** | 당신의 글에서 어려운 단어들을 사용하지 않는 것이 더 좋다.
> 해설 여기서 It은 가주어, to-v 이하가 진주어이다. to-v의 부정형은 〈not[never]+to-v〉이다.

배점	채점 기준
2	밑줄을 바르게 그은 경우
2	해석을 바르게 한 경우

11 Leaving[To leave] a tip at a restaurant

12 to finish your homework

13 Using[To use] chopsticks, is not easy

14 not[never] to give up on your dreams

15 Touching[To touch] wild animals, can be dangerous

배점	채점 기준
3	어순과 추가한 단어는 올바르나 어형 변형이 틀린 경우

[16~20] 〈보기〉 그녀는 올 수 없다. → 그녀가 오는 것은 불가능하다.

16 **for him to be absent from school** | 그는 보통 학교에 결석하지 않는다.
→ 그가 학교에 결석하는 것은 드물다.

17 **for John to go to Australia** | 존은 호주에 가야 한다.
→ 존이 호주에 가는 것은 좋은 생각이다.

18 **for you not[never] to trust a complete stranger** | 너는 전혀 모르는 사람을 신뢰하지 않는 편이 좋다.
→ 너는 전혀 모르는 사람을 신뢰하지 않는 것이 바람직하다.

19 **for us to get along with her** | 우리는 그녀와 잘 지내는 것에 어려움을 느낀다.
→ 우리가 그녀와 잘 지내는 것은 쉽지 않다.

20 **for me not[never] to drink more than 3 cups of coffee a day** | 나는 하루에 커피를 세 잔보다 더 많이 마셔서는 안 된다.
→ 나는 하루에 커피를 세 잔보다 더 많이 마시지 않는 것이 좋다.

배점	채점 기준
4	어순과 to-v는 올바르나 〈for A〉가 틀린 경우
4	어순과 〈for A〉는 올바르나 to-v가 틀린 경우

UNIT 21 목적어로 쓰이는 to-v와 v-ing Ⅰ

[01~05] 〈보기〉 나는 비 오는 날에 밖에 나가는 것을 원치 않는다.

01 **finishing her homework, 자신의 숙제를 끝내는 것을** | 그녀는 자신의 숙제를 끝내는 것을 절대 미루지 않는다.

02 **to live in Paris someday, 언젠가 파리에서 살 것을** | 스티븐은 언젠가 파리에서 살 것을 기대한다.

03 **changing seats with me, 저와 자리를 바꾸는 것을** | 저와 자리를 바꾸셔도 괜찮으실까요?
> 해설 Would you mind v-ing?: v해도 괜찮겠습니까?

04 **traveling during the holidays, 휴일 동안에 여행하는 것을** | 휴

일 동안에 여행하는 것을 피하라.

05 not to become an entertainer, **연예인이 되지 않을 것을** | 내 여동생은 연예인이 되지 않기로 결정했다.

배점	채점 기준
5	밑줄을 바르게 그은 경우
5	해석을 바르게 한 경우

06 delivering an address

07 to end the unfortunate war

08 breaking the window by mistake

09 not[never] to face natural disasters
> **해설** to-v의 부정형: not[never] to-v

10 of getting the new job
> **해설** 전치사 of의 목적어로 to-v는 쓸 수 없으므로 주어진 get을 동명사 getting으로 바꿔 써야 한다.

배점	채점 기준
5	어순과 추가한 단어는 올바르나 준동사의 형태가 틀린 경우

UNIT 22 목적어로 쓰이는 to-v와 v-ing Ⅱ

[01~05] 〈보기〉 리사는 발표하는 것을 싫어한다.

01 to finish his work by himself, **스스로 자기 일을 끝내는 것을** | 피터는 스스로 자기 일을 끝내는 것을 좋아한다.

02 to write a film script, **영화 대본을 쓰는 것을** | 그 작가는 최근 영화 대본을 쓰는 것을 시작했다.

03 having milk and cookies, **우유와 쿠키를 먹는 것을** | 내 아들은 우유와 쿠키를 먹는 것을 아주 좋아한다.

04 traveling alone on vacation, **방학에 혼자 여행하는 것을** | 내 여동생과 나는 방학에 혼자 여행하는 것을 선호한다.

05 to climb the mountain, **산에 오르는 것을** | 폭우에도 불구하고, 그 등산가는 산에 오르는 것을 계속했다.

배점	채점 기준
2	밑줄을 바르게 그은 경우
2	해석을 바르게 한 경우

06 **일하기 시작할 것이다** | 진은 7월에 영화 회사에서 일하기 시작할 것이다.

07 **피기 시작했다** | 작년에 벚꽃은 3월 말에 피기 시작했다.

08 **농구하는 것을 계속했다** | 그는 밤까지 자신의 친구들과 농구하는 것을 계속했다.

09 **커피를 살 것을 기억했다** | 나는 아침 출근길에 커피를 살 것을 기억했다.

10 **TV를 끄는 것을 잊어버리셨다** | 우리 아버지는 거실에 있는 TV를 끄는 것을 잊어버리셨다.

11 to understand, understanding | 우리는 스페인어를 조금씩 이해하기 시작했다.

12 thinking | A: 만약 내가 시험에서 떨어지면 어떻게 될까? / B: 부정적으로 생각하는 것을 멈추고 긍정적으로 생각해봐.
> **해설** 〈stop v-ing〉: v하는 것을 멈추다

13 hearing | A: 나는 인권에 관한 그의 연설을 들은 것을 절대 잊지 못할 거야. / B: 맞아. 그것은 매우 인상 깊었어.
> **해설** 〈forget v-ing〉: (과거에) v한 것을 잊다

14 to watch, watching | 우리 엄마는 밤에 드라마를 보는 것을 좋아하신다.

15 using | A: 이 파이는 평소보다 더 달아. / B: 설탕이 없어서, 대신 시험 삼아 한번 꿀을 사용해 봤어.
> **해설** 〈try v-ing〉: 시험 삼아[그냥] 한번 v해 보다

16 remember learning about the Joseon Dynasty

17 tried to remove it

18 forgot to set my alarm

19 stopped to call her father
> **해설** 〈stop+to-v: v하기 위해 (이동을) 멈추다〉의 to-v는 동사 stop의 목적어가 아닌 to-v의 부사적 용법 중 '목적'을 의미한다.

20 stopped talking to each other

배점	채점 기준
5	어순과 준동사의 사용이 올바르나 본동사의 시제가 틀린 경우
2	어순만 올바른 경우

UNIT 23 주어를 보충 설명하는 to-v와 v-ing

01 **월드컵에서 뛰는 것이다** | 그의 바람은 월드컵에서 뛰는 것이다.

02 **탐정 소설들을 읽는 것이다** | 내가 가장 좋아하는 활동은 탐정 소설들을 읽는 것이다.

03 **정직하고 용감하게 사는 것이다** | 우리 집안의 가훈은 정직하고 용감하게 사는 것이다.

04 **내 생일을 위해 애플파이를 굽고 계신다** | 우리 엄마는 내 생일을 위해 애플파이를 굽고 계신다.
> **해설** 이때의 〈be v-ing〉는 현재진행형으로 'v하고 있다, v하는 중이다'의 뜻이다.

05 **규칙적인 운동으로 살을 빼는 것이었다** | 올해 그의 목표는 규칙적인 운동으로 살을 빼는 것이었다.

06 is repairing[to repair] airplanes

07 was watching a documentary show

08 True friendship is telling[to tell] the truth

09 His cousin is giving a lecture

10 is making[to make] eye contact with your interviewers

배점	채점 기준
6	어순과 추가한 단어는 올바르나 어형 변형이 틀린 경우

UNIT 24 의문사+to-v

01 어떻게 카레라이스를 만들어야 하는지를[카레라이스를 만드는 방법을] | 엄마는 내게 어떻게 카레라이스를 만들어야 하는지를[카레라이스를 만드는 방법을] 가르쳐주셨다.

02 점심으로 어느 것을 먹어야 할지를 | 나는 점심으로 어느 것을 먹어야 할지를 결정할 수 없다. 모든 것이 맛있어 보인다.

03 이번 여름 방학에 어디에 가야 할지를 | 우리는 이번 여름 방학에 어디에 가야 할지를 선택하지 않았다.

04 언제 우리 공연을 시작해야 할지를 | 그 감독은 우리에게 언제 우리 공연을 시작해야 할지를 말해줄 것이다.

05 할머니를 위해 무엇을 사야 할지를 | 그 점원은 나에게 할머니를 위해 무엇을 사야 할지를 조언해줬다.

06 how to deal with stress

07 when to plant the seeds

08 what to say to him

09 where to take the train

10 whom to meet on the first day

CHAPTER **0 6** 명사를 수식하는 to-v, v-ing, p.p.

UNIT 25 명사를 수식하는 to-v

01 오늘 밤에 볼 영화, C | 이것은 오늘 밤에 볼 영화이다.

02 그의 침대를 덮을 담요는, S | 그의 침대를 덮을 담요는 갈색이다.

03 손님들에게 말할 몇 가지 안전 지침들을, O | 나는 손님들에게 말할 몇 가지 안전 지침들을 준비했다.

04 시장에서 구입할[살] 물품들이, S | 시장에서 구입할[살] 물품들이 메모지에 적혀있었다.

05 자신을 도울 많은 친구들을, O | 샘은 선거에서 자신을 도울 많은 친구들이 있었다.

배점	채점 기준
3	해석을 바르게 한 경우
3	✔를 바르게 표시한 경우

[06~10] 〈보기〉 여기에 방을 다채롭게 만들 꽃들이 있다.

06 마실 오렌지주스, 목적어+타동사 | 우리 할머니께서 내게 마실 오렌지주스를 만들어 주셨다.
해설 drink^V orange juice^O

07 참가자들을 평가하는 심사위원들, 주어+동사 | 그들은 참가자들을 평가하는 심사위원들이다.
해설 the judges^S evaluate^V the participants

08 부모님께 드릴 두 장의 콘서트 티켓, 목적어+타동사 | 그녀는 부모님께 드릴 두 장의 콘서트 티켓을 샀다.
해설 give^V two concert tickets^O to her parents

09 비행 동안 읽을 잡지들, 목적어+타동사 | 비행 동안 읽을 잡지들이 좌석 주머니에 있습니다.
해설 read^V the magazines^O during the flight

10 어두운 방을 밝힐 초 몇 개, 주어+동사 | 그는 그들에게 어두운 방을 밝힐 초 몇 개를 가져다주었다.
해설 some candles^S light^V the dark room

배점	채점 기준
3	해석을 바르게 한 경우
3	✔를 바르게 표시한 경우

11 ✕, to paint with | 내 남동생이 나에게 그림을 그릴 붓을 빌려주었다.
해설 to paint a brush (✕) 붓을 그리다 /
to paint with a brush (○) 붓으로 그리다

12 ✕, to take care of | 그녀는 돌볼 두 마리의 개와 세 마리의 고양이가 있다.
해설 take care of: ~을 돌보다

13 ○ | 그의 일자리 제안은 신중히 생각해볼 것이었다.
해설 think about[of]: ~에 대해 생각하다

14 ○ | 이 미술관에는, 볼[관람할] 유명한 예술 작품들이 있다.
해설 look at: ~을 보다[살피다]

15 ✕, to put on | 밖에는 비가 오고 있다. 그러나 나는 입을 우비가 없다.
해설 to put a raincoat (✕) 우비를 놓다 /
to put on a raincoat (○) 우비를 입다

감점	채점 기준
-2	✕는 올바르게 표시했지만, 틀린 부분을 바르게 고치지 못한 경우

16 brought food to eat

17 precious memories to recall

18 my sister a camera to use

19 remember all the things to buy

20 something sharp to cut

> **해설** -thing, -body, -one로 끝나는 단어는 형용사가 명사 뒤에서 수식한다. 일반 형용사와 to부정사가 함께 이 단어들을 수식하는 경우에는 〈명사+일반 형용사+to-v〉의 어순으로 쓴다.

UNIT 26 명사를 수식하는 v-ing, p.p.

01 테이블 위에 남겨진 핸드백은, S | 테이블 위에 남겨진 핸드백은 나의 것이다.

02 유명한 작가에 의해 쓰인 추리 소설, C | 이것은 유명한 작가에 의해 쓰인 추리 소설이다.

03 움직이는 버스에, O | 너는 움직이는 버스에 다가서면 안 된다. 그것은 위험하다.

04 이 프로그램에 지원하는 학생들은, S | 이 프로그램에 지원하는 학생들은 프랑스어 시험을 치러야 한다.

05 관광객들을 끌어들이는 아름다운 장소, C | 많은 사람은 그 섬이 관광객들을 끌어들이는 아름다운 장소라고 여긴다.

배점	채점 기준
2	해석을 바르게 한 경우
2	✔를 바르게 표시한 경우

06 (guiding our team), 우리는 우리 팀을 이끄는 훌륭한 리더가 있다.

07 (found in the car), 차에서 발견된 증거가 경찰을 도와주었다.

08 (playing in the snow), 눈에서 놀고 있는 아이들은 모두 매우 행복해 보인다.

09 (surrounded by the fire), 소방관들은 불길에 둘러싸인 사람들을 마침내 구조했다.

10 (developing new products in the laboratory), 존은 연구소에서 신상품을 개발하는 연구원이 되었다.

배점	채점 기준
2	괄호를 바르게 묶은 경우
2	해석을 바르게 한 경우

11 carrying | 빨간 우산을 들고 있는 그 아이는 나의 사촌이다.

12 fried | 나는 점심으로 햄버거와 튀긴 오징어를 먹었다.

13 introducing | 새로운 서비스를 소개하는 행사가 열리고 있다.

14 walking | 나는 길을 걸어가고 있는 저 여성을 안다. 그녀는 우리 고모이다.

15 checked | 그 선생님은 채점된 시험지를 학생들에게 나눠주셨다.

16 ② | 학생들을 면담하는 교수님께서는 그들의 과제물을 미리 검토하셨다.

> **해설** 문맥상 '학생들을 면담하는' 사람은 교수님이므로 분사구 interviewing students가 The professor를 뒤에서 수식하는 것이 적절하다.

17 ④ | 그 회사는 각 고객에 의해 서명된 계약서를 증표로서 보관한다.

> **해설** 문맥상 '각 고객에 의해 서명된' 것은 계약서이므로 분사구 signed by each customer가 the contract를 뒤에서 수식하는 것이 적절하다.

18 can't take notes because of my broken arm

19 put down the sleeping baby on the bed

20 was invited to a party celebrating Suzy's graduation

배점	채점 기준
4	어순은 올바르나 어형 변형이 틀린 경우

UNIT 27 감정을 나타내는 v-ing, p.p.

01 confusing, 오늘 시험에는 몇몇 혼란스러운 질문들이 있었다.

02 amused, 즐거워하는 시청자들은 그 코미디 쇼를 즐겼다.

03 disappointing, 그 하키팀은 실망스러운 시즌을 보냈다.

04 bored, 지루해진 아이들은 장난감 도서관을 방문하기를 원했다.

05 fascinating, 그 오케스트라는 오늘밤 매혹적인 오페라를 공연할 것이다.

배점	채점 기준
3	네모 안에서 올바른 답을 고른 경우
2	해석을 바르게 한 경우

06 exciting | 그는 크리스마스를 위한 신나는 계획들이 있다.

07 interesting | 고객들은 흥미로운 설문조사에 답했다.

08 frustrated | 지연[연착]으로 인해 좌절한 승객들은 항의하기 시작했다.

09 satisfying | 리처드는 그 대학으로부터 만족스러운 대답을 받았다.

10 embarrassed | 자신의 실수에 당황한 종업원은 우리에게 사과했다.

11 interested | 방문객들이 당신의 웹사이트에 흥미 있어 하도록 해라.

12 amazing | 헨리에 의해 설계된 그 건물은 놀라워 보인다.

13 thrilled | 관객들은 그 배우의 연기에 매우 신이 난 것으로 보였다.

14 amusing | 연설가는 농담을 사용하여 자신의 연설을 재미있게 만들었다.

15 delighted | 아이들은 보통 그해의 첫눈이 오면 기뻐한다.

16 surprised | 그 학생은 자신의 높은 점수에 놀란 듯 보였다.

17 interesting | 새로운 프로젝트의 시작은 흥미로워 보인다.

18 encouraging | 나는 선생님께서 주신 긍정적인 피드백이 고무적이라 생각했다.

19 excited | 올림픽 게임에서 그녀의 승리는 사람들을 신이 나게 만들었다.

20 embarrassing | 전혀 모르는 사람들에게 도움을 요청하는 것은 당황스러울 수 있다.
> 해설 여기서 It은 가주어, to-v 이하가 진주어이다.

21 seems shocked by his marriage proposal

22 consider his devotion to his family touching

23 told me relaxing places to visit

24 was confused and didn't answer their questions

25 is exciting to hear interesting ideas for party games

배점	채점 기준
3	어순은 올바르나 어형 변형이 틀린 경우

UNIT 28 목적어를 보충 설명하는 to-v, v, v-ing, p.p.

01 그는 친구가 자신의 보고서를 교정보도록 했다.

02 나는 그녀가 주인에게 돈을 돌려주도록 요청했다.

03 파란 불은 우리가 안전하게 길을 건너도록 한다.

04 그 자연재해는 음식 가격이 너무 많이 오르도록 야기했다.

05 정부는 사람들이 자신들의 권리를 포기하도록 강요할 수 없다.

06 자신의 남편이 뛰어가고 있는 것을 보았다 | 제이미는 자신의 남편이 횡단보도를 가로질러 뛰어가고 있는 것을 보았다.

07 밴드가 공연하는 것을 지켜본다 | 나는 가끔 지하철 승강장에서 밴드가 공연하는 것을 지켜본다.

08 빵이 구워지고 있는 냄새를 맡았다 | 제인은 오븐에서 빵이 구워지고 있는 냄새를 맡았다.

09 아만다가 자신의 아들을 야단치고 있는 것을 들었다 | 나는 아만다가 자신의 아들을 부주의하다고 야단치고 있는 것을 들었다.

10 사람들이 건물에 들어가는 것을 보고 있다 | 한 경비원이 사람들이 건물에 들어가는 것을 보고 있다.

11 ○ | 네 숙제가 내일까지 끝내질 수 있도록 해라(숙제를 내일까지 끝내라).
> 해설 목적어와 목적격보어가 수동 관계이므로 finished가 알맞다.

12 ×, determine | 과거가 너의 미래를 좌우하게 하지 마라.
> 해설 목적어와 목적격보어가 능동 관계이고 동사 let은 목적격보어로 원형부정사(v)를 취해야 하므로 determine이 와야 한다.

13 ×, to brush | 나는 우리 딸이 하루에 세 번 이를 닦도록 가르쳤다.
> 해설 〈teach+O+to-v〉: O가 v하도록 가르치다

14 ×, attend | 내 상사는 모든 직원들이 회의에 참석하도록 했다.
> 해설 〈have+O+v〉: O가 v하게 하다

15 ×, to follow | 그 경찰관은 운전자가 교통 법규를 지키도록 경고했다.
> 해설 〈warn+O+to-v〉: O가 v하도록 경고하다

16 ○ | 타일러 선생님은 수업에서 학생이 책을 큰 소리로 읽게 하셨다.
> 해설 〈make+O+v〉: O가 (강제로) v하게 하다

17 ×, to compare | 그 책은 독자들이 그들 자신을 타인과 비교하지 않도록 조언한다.
> 해설 〈advise+O+to-v〉: O가 v하도록 조언하다

18 ○ | 그 수학시험은 우리가 30분 만에 10문제를 풀도록 요구한다.
> 해설 〈require+O+to-v〉: O가 v하도록 요구하다

19 ×, delivered | 우리 가족은 우유와 치즈, 요구르트가 매일 아침 배달되도록 한다.
> 해설 목적어와 목적격보어가 수동 관계이므로 delivered가 와야 한다.

20 ×, crowded | 나는 점심시간 동안 운동장이 많은 아이들로 붐비는 것을 발견했다.
> 해설 목적어와 목적격보어가 수동 관계이므로 crowded가 와야 한다.

감점	채점 기준
-1	×는 올바르게 표시했지만, 틀린 부분을 바르게 고치지 못한 경우

21 look | 네 자신이 점잖아 보이도록 하는 것이 중요하다.

22 lecture, lecturing | 청중은 교수가 강연하는[강연하고 있는] 것을 귀 기울여 들었다.
> 해설 지각동사(listen to, watch, see 등)는 목적격보어로 v 또는 v-ing를 취할 수 있다.

23 hidden | 우리 엄마는 자신의 일기장을 옷장 속에 숨겨 두셨다.

24 build, building | 우리는 아이들이 해변에서 모래성을 쌓는[쌓고 있는] 것을 보았다.

25 disappear, disappearing | 나는 수상한 남자가 안개 속으로 사라지는[사라지고 있는] 것을 보았다.

26 keeps the back gate closed

27 has his eyes tested

28 heard the phone ring[ringing]

29 persuaded us to buy the product

30 had me wake up my younger brother

31 found the boy wounded in the leg

32 felt his blood pressure rise[rising]

33 I could notice something move[moving]

34 reminded Chris not to forget to buy eggs

35 had one of his arms broken in a car accident

배점	채점 기준
2	어순과 추가한 단어는 올바르나 어형 변형이 틀린 경우

UNIT 29 부사 역할을 하는 to-v의 해석 Ⅰ

A **B**

01 우리는 우리 고객들에게 책자를 보냈다

02 구매 영수증이 필요하다

03 멋진 집을 짓기 위해,

04 나는 내 연설을 여러 번 연습했다

05 예약하기 위해서,

실수하지 않기 위해서.

그들은 고급 자재를 사용한다.

그 가게에서 경품을 받기 위해서.

가능한 한 빨리 저희에게 연락해주세요.

제품을 설명하기 위해서.

---

06 언제나 근면한 것은 그의 장점이다., 주어

07 건강을 유지하기 위해서, 그의 아내는 매일 아침 운동한다., 부사 수식어

08 당신의 여권을 수령하는 것은 2주 정도 걸릴 것입니다., 주어

09 처음으로 혼자 여행하는 것은 큰 용기가 필요하다., 주어

10 차를 사기 위해서, 내 친구는 일 년 동안 돈을 모았다., 부사 수식어

배점	채점 기준
2	해석을 바르게 한 경우
3	✔를 바르게 표시한 경우

---

11 내가 가장 좋아하는 축구 선수를 만나서, ⓐ | 나는 우연히 내가 가장 좋아하는 축구 선수를 만나서 기뻤다.

12 자신의 집이 불에 타고 있는 것을 발견해서, ⓐ | 그 노부인은 자신의 집이 불에 타고 있는 것을 발견해서 충격을 받았다.

13 그들에게 무례한 말을 하지 않는 것을 보니, ⓑ | 그들에게 무례한 말을 하지 않는 것을 보니 그는 예의가 발랐다.

14 아이를 구하기 위해 물에 뛰어드는 것을 보니, ⓑ | 아이를 구하기 위해 물에 뛰어드는 것을 보니 그녀는 용감했다.

15 그 가게가 문을 닫은 것을 알게 되어서, ⓐ | 우리는 그 가게가 문을 닫은 것을 알게 되어서 실망했다.

배점	채점 기준
2	해석을 바르게 한 경우
3	기호를 바르게 쓴 경우

---

16 in order to meet her

17 stupid to trust the stranger

18 surprised to see the election results

19 in order not to fail this course

20 afraid to hear the sounds of wild animals

배점	채점 기준
3	추가한 단어는 올바르나 어순이 틀린 경우

UNIT 30 부사 역할을 하는 to-v의 해석 Ⅱ

01 그녀의 이름은 발음하기에 어려웠다.

02 그 낡은 차는 운전하기에 위험해 보인다.

03 그 여행 가방은 여행객들이 들고 다니기에 쉽다.

04 그 야구 경기의 결과는 예측하기에 불가능했다.

05 한국의 대중교통은 관광객들이 이용하기에 매우 편리하다.
> **해설** 여기서 for tourists는 to-v의 의미상의 주어이다.

---

06 walk too fast to follow

07 were lucky enough to arrive

08 were clear enough for me to install the program

09 hard enough for the kite to fly high

10 was too noisy for me to concentrate on the conversation

11 솔직히 말해서 | 솔직히 말해서, 나는 매운 음식을 좋아하지 않는다.

12 너무 얇아서 입을 수 없다[입기에는 너무 얇다] | 이 재킷은 너무 얇아서 12월에 입을 수 없다[12월에 입기에는 너무 얇다].

13 틀림없이 | 틀림없이, 그 웃고 있는 남자는 좋은 소식이 있다.

14 아이들이 수영하기에 충분히 깨끗했다 | 그 강은 아이들이 수영하기에 충분히 깨끗했다.

15 사실대로 말하자면 | 사실대로 말하자면, 나는 수잔의 생일을 잊어버렸다.

16 소설은 말할 것도 없이 | 소설은 말할 것도 없이, 그는 시를 읽는 것을 즐긴다.

17 설상가상으로 | 설상가상으로, 그 소년은 본인의 잘못을 인정하지 않았다.

18 말하자면 | 우리의 인생은, 말하자면, 행복한 결말이 있는 영화이다.

19 우선 | 우선, 너는 요리 수업 전에 손을 씻어야 한다.

20 모든 관객이 자신의 목소리를 들을 만큼 충분히 크게 노래했다 | 그 가수는 모든 관객이 자신의 목소리를 들을 만큼 충분히 크게 노래했다.

UNIT 31 분사구문의 해석

01 조용한 음악을 들으면서 | 조용한 음악을 들으면서, 그녀는 요가를 했다.

02 크게 울면서 | 크게 울면서, 그 아이는 엄마와 아빠를 불렀다.

03 해변을 따라 달리면서 | 해변을 따라 달리면서, 나는 신선한 공기를 들이마셨다.

---

04 he, 환한 미소를 띠고 나를 보면서, 그가 나를 향해 걸어왔다.

05 Believing the rumor, 그 소문을 믿은 것은 나의 실수였다.

06 he, 아버지를 기다리며, 그는 핸드폰 게임을 했다.

07 Living with grandchildren, 손주들과 함께 사는 것은 노인들에게 행복을 가져다줄 수 있다.

배점	채점 기준
2	밑줄을 바르게 그은 경우
2	해석을 바르게 한 경우

---

08 Interviewing, filling | 그 매니저는 나를 인터뷰했다.＋그 매니저는 서식을 작성했다.
→ 나를 인터뷰하면서, 그 매니저는 서식을 작성했다.
→ 그 매니저는 나를 인터뷰했다, 서식을 작성하면서.

09 Watching, dancing | 그녀는 음악 프로그램을 시청했다. ＋ 그녀는 노래에 맞춰 춤을 췄다.
→ 음악 프로그램을 시청하면서, 그녀는 노래에 맞춰 춤을 췄다.
→ 그녀는 음악 프로그램을 시청했다, 노래에 맞춰 춤을 추면서.

감점	채점 기준
-5	빈칸 하나가 틀린 경우

10 Finishing, helping | 내 친구는 자신의 에세이를 먼저 끝낸 다음 나를 도와주었다.
→ 자신의 에세이를 먼저 끝내고 나서, 내 친구는 나를 도와주었다.
→ 내 친구는 자신의 에세이를 먼저 끝내고 나서, 나를 도와주었다.

11 Opening, starting | 우리는 창문들을 연 다음 온 집을 청소하기 시작했다.
→ 창문들을 열고 나서, 우리는 온 집을 청소하기 시작했다.
→ 우리는 창문들을 열고 나서, 온 집을 청소하기 시작했다.

감점	채점 기준
-5	빈칸 하나가 틀린 경우

---

12 Being a student | 학생이기 때문에, 그는 기차 여행에 대한 할인을 받을 수 있다.

13 Noticing an error in his writing | 그의 글쓰기에서 오류를 발견했을 때, 나는 그것을 그에게 알려주었다.

14 going to school | 학교에 가면서, 그녀는 학급 친구들에게 문자를 보냈다.

15 Arriving at the terminal | 터미널에 도착했을 때, 그들은 마지막 버스가 떠나는 것을 보았다.

16 reading some news online | 온라인으로 몇 개의 뉴스를 읽으면서, 나는 커피 한 잔을 마셨다.

17 Wishing to get a good grade on the test | 그 시험에서 좋은 성적을 받길 원했기 때문에, 나는 열심히 공부를 했다.

18 Not liking his job | 자신의 직업을 싫어했기 때문에, 알렉스는 새 직업을 찾기로 결심했다.

UNIT 32 주의할 분사구문의 형태

01 X, Wishing | 기분 전환을 하길 원해서, 나는 낮잠을 잤다.

02 X, (Being) Confused | 그녀의 불명확한 회신에 혼란스러워서, 나는 그녀의 사무실로 찾아갔다.

03 O | 더러운 방을 보고, 그녀는 어질러진 것을 치우기 시작했다.

04 X, (Being) Trained | 잘 교육이 되어서, 그 강아지는 사람들에게 짖지 않는다.

05 O | 도심부에 위치하여, 그 새로 생긴 쇼핑몰은 아주 인기가 있다.

06 X, Not living | 가족과 함께 살지 않아서, 내 친구는 항상 그들을 그리워한다.

07 O | 시험에 통과하여, 내 친구들과 나는 안도의 한숨을 내쉬었다.

08 O | 비싼 가격에 놀라서, 우리는 새 핸드폰을 사지 않았다.

09 ○ | 오랜 기간 동안 사용되어서, 나의 낡은 컴퓨터는 결국 고장 났다.

10 ✕, **(Being) Stuck** | 교통체증에 갇혔기 때문에, 그는 오늘 아침에 면접을 놓쳤다.

감점	채점 기준
-3	✕는 올바르게 표시했지만, 틀린 부분을 바르게 고치지 못한 경우

11 Reading

12 Having

13 (Being) Surrounded

14 Not knowing

CHAPTER 0 8 주어/목적어/보어로 쓰이는 명사절

UNIT 33 that절

01 내가 그 시험을 통과한 것은 정말 뜻밖의 일이었다., S

해설 That이 이끄는 명사절은 문장의 주어 역할을 하고 있다.

02 사실은 지구 온난화가 심각해지고 있다는 것이다., C

해설 that이 이끄는 명사절은 동사 is의 보어 역할을 하고 있다.

03 내 견해는 그 상황이 바뀔 수 있다는 것이다., C

해설 that이 이끄는 명사절은 동사 is의 보어 역할을 하고 있다.

04 나는 일주일에 두 번 수영 강습을 받을 것이라고 결심했다., O

해설 that이 이끄는 명사절은 동사 decided의 목적어 역할을 하고 있다.

05 그 점원은 내게 곧 대규모 할인이 있을 것이라고 말해주었다., O

해설 that이 이끄는 명사절은 동사 told의 직접목적어 역할을 하고 있다.

배점	채점 기준
3	해석을 바르게 한 경우
2	✔를 바르게 표시한 경우

06 Don't forget ∨ I am always ready to help you., 내가 항상 너를 도울 준비가 되어 있다는 것을 잊지 마.

07 All members agreed ∨ they would have a weekly meeting., 모든 회원들은 그들이 주간 회의를 열 것을 동의하였다.

08 I taught her ∨ the key to his success was diligence., 나는 그녀에게 그의 성공 비결은 부지런함이라는 것을 가르쳐 주었다.

09 They promised the babysitter ∨ they would be home by midnight., 그들은 베이비시터에게 자정까지 집에 올 것을 약속했다.

10 The expert said ∨ teenagers are spending too much time on their smartphones., 그 전문가는 십 대들이 스마트폰에 너무 많은 시간을 보내고 있다고 말했다.

배점	채점 기준
3	∨를 바르게 표시한 경우
2	해석을 바르게 한 경우

11 is certain that this TV show will become popular

12 that taste in art is a subjective matter

13 is that no one used to live here

14 suggests that consumers prefer sugar-free drinks

15 is clear that oily food makes people gain weight

16 is that we should protect our environment

17 remembered that my birthday is this month

18 is that there are not enough jobs for the young

19 is interesting that one day on Venus is almost 8 months on Earth

20 shows us that people yawn in order to stay awake

UNIT 34 whether/if절

01 I don't know whether[if] I can borrow the books. | 나는 모른다 + 내가 그 책들을 빌릴 수 있나요? → 나는 내가 그 책들을 빌릴 수 있는지 모른다.

해설 목적어 자리에는 whether/if절 모두 올 수 있다.

02 Whether his plan will make a positive change is not known yet. | 그의 계획이 긍정적인 변화를 만들까요? + 아직 알려지지 않았다. → 그의 계획이 긍정적인 변화를 만들지는 아직 알려지지 않았다.

해설 문장의 주어 자리에는 whether절만 올 수 있다.

03 The problem is whether our clients will continue to use our products. | 문제는 ~이다 + 우리 고객들이 우리 제품을 계속해서 사용할까요? → 문제는 우리 고객들이 우리 제품을 계속해서 사용할지이다.

해설 if절은 보어로 거의 쓰이지 않으므로 whether절로 답하는 것이 좋다.

04 It is doubtful whether[if] they spend their free time studying. | 의심스럽다 + 그들은 자유 시간을 공부하는 데 보내나요? → 그들이 자유 시간을 공부하는 데 보내는지 의심스럽다.

해설 문장의 진주어 자리에는 whether/if절 모두 올 수 있다.

05 The researchers are interested in whether listening to music will improve health. | 그 연구원들은 ~에 관심이 있다 + 음악을 듣는 것이 건강을 개선시킬까요? → 그 연구원들은 음악을 듣는 것이 건강을 개선시킬지에 관심이 있다.

해설 전치사의 목적어 자리에는 whether절만 올 수 있다.

배점	채점 기준
3	어순은 올바르나 적절한 접속사를 사용하지 않은 경우
3	적절한 접속사를 사용했지만 어순이 올바르지 않은 경우

06 그녀가 새로운 직업에 만족할지가 중요하다., S

해설 접속사 Whether가 이끄는 명사절이 문장의 주어 역할을 하고 있다.

07 그 시험 결과가 부모님들에게 보내졌는지는 불분명하다., S

해설 접속사 if가 이끄는 명사절이 문장의 진주어이며 It은 가주어이다.

08 문제는 우리가 점심을 준비할 충분한 시간이 있는지이다., C

해설 접속사 whether가 이끄는 명사절이 동사 is의 보어 역할을 하고 있다.

09 나는 콘서트 표들을 구할 수 있는지 궁금하다., O

해설 접속사 if가 이끄는 명사절이 동사 am wondering의 목적어 역할을 하고 있다.

10 나는 짐에게 그가 그 식당의 음식을 먹어본 일이 있는지를 물어보았다., O

해설 접속사 whether가 이끄는 명사절이 동사 asked의 직접목적어 역할을 하고 있다.

배점	채점 기준
3	해석만 바르게 한 경우
3	✔를 바르게 표시한 경우

11 asked her if she had plans for this weekend

12 Whether Amy will join his photography club

13 if she will accept the role in the movie

14 are looking into whether someone came to this spot

15 is whether the conclusions in the report are accurate

UNIT 35 의문사절 I

01 This smartphone reflects what teenagers need. | 이 스마트폰은 반영한다 + 십 대들이 필요한 것이 무엇인가요? → 이 스마트폰은 십 대들이 필요한 것이 무엇인지를 반영한다.

02 I will ask him who will attend the awards ceremony. | 나는 그에게 물어볼 것이다 + 누가 그 시상식에 참가할 건가요? → 나는 그에게 누가 그 시상식에 참석할지 물어볼 것이다.

03 He didn't tell me why my proposal was rejected. | 그는 내게 말해주지 않았다 + 왜 내 제안서가 거절되었나요? → 그는 내게 왜 내 제안서가 거절되었는지 말해주지 않았다.

04 Where they will establish a new college hasn't been discussed. | 그들은 어디에 새로운 대학을 설립할 건가요? + 논의되지 않았다. → 그들이 어디에 새로운 대학을 설립할지는 논의되지 않았다.

05 Which the coldest month of the year is was the last question. | 어느 것이 일 년 중 가장 추운 달인가요? + 마지막 문제였다. → 어느 것이 일 년 중 가장 추운 달인지가 마지막 문제였다.

06 Nobody knows whose this red bag is. | 아무도 모른다 + 이 빨간 가방이 누구의 것인가요? → 이 빨간 가방이 누구의 것인지 아무도 모른다.

07 Whom he invited to the party is a secret. | 그가 파티에 누구를 초대했나요? + 비밀이다. → 그가 파티에 누구를 초대했는지는 비밀이다.

08 The class taught me how I can deal with the mental pressure. | 그 강좌는 내게 가르쳐줬다 + 내가 어떻게 정신적인 압박감을 다룰 수 있나요? → 그 강좌는 내가 어떻게 정신적인 압박감을 다룰 수 있을지 가르쳐줬다.

09 The problem is when I should tell her the truth. | 문제는 ~이다 + 언제 내가 그녀에게 사실을 말해야 할까요? → 문제는 언제 내가 그녀에게 사실을 말해야 할지이다.

10 I wonder what happened to the rest of the story. | 나는 궁금하다 + 그 이야기의 나머지 부분에 무슨 일이 일어났나요? → 나는 그 이야기의 나머지 부분에 무슨 일이 일어났는지 궁금하다.

11 그녀가 언제 돌아올지는 여전히 불분명하다., S

해설 의문사 When이 이끄는 명사절이 문장의 주어 역할을 하고 있다.

12 그는 오늘 아침 수업에 자신이 왜 늦었는지 설명했다., O

해설 의문사 why가 이끄는 명사절이 동사 explained의 목적어 역할을 하고 있다.

13 내 질문은 그 공포 영화의 제목이 무엇인지이다., C

해설 의문사 what이 이끄는 명사절이 동사 is의 보어 역할을 하고 있다.

14 우리는 LA에서 어디에 머무를지를 아직 결정하지 않았다., O

해설 의문사 where가 이끄는 명사절이 동사 haven't decided의 목적어 역할을 하고 있다.

15 선생님께서 학생들에게 어떻게 그들이 온라인 수업에 등록할 수 있는지 보여주셨다., O

해설 의문사 how가 이끄는 명사절이 동사 showed의 직접목적어 역할을 하고 있다.

배점	채점 기준
3	해석을 바르게 한 경우
3	✔를 바르게 표시한 경우

16 People can't predict whom they will love.

17 I don't understand why he gets so upset at me.

18 The hot topic is who will be the next Seoul mayor.

19 How you can access our software is described on the website.

20 The teacher told us what we need to prepare for the science project.

UNIT 36 의문사절 Ⅱ

01 How long you boil your eggs is your preference. | 당신은 달걀을 얼마나 오래 삶나요? + 당신의 기호이다. → 당신이 달걀을 얼마나 오래 삶는지는 당신의 기호이다.

02 Would you let me know which seat you prefer? | 제게 알려주시겠습니까? + 당신은 어떤 자리를 선호하시나요? → 제게 당신이 어떤 자리를 선호하시는지 알려주시겠습니까?

03 How much caffeine you consume may affect your sleep. | 당신은 카페인을 얼마나 많이 섭취하나요? + 당신의 수면에 영향을 미칠지도 모른다. → 당신이 카페인을 얼마나 많이 섭취하는지는 당신의 수면에 영향을 미칠지도 모른다.

04 My question is what sort of gift I should buy for my parents. | 내 질문은 ~이다 + 내가 부모님을 위해 무슨 종류의 선물을 사야 할까요? → 내 질문은 내가 부모님을 위해 무슨 종류의 선물을 사야 하는지이다.

05 My friend asked me whose song I was listening to. | 내 친구가 내게 물었다 + 내가 누구의 음악을 듣고 있었니? → 내 친구가 내게 누구의 음악을 듣고 있는지 물었다.

감점	채점 기준
-3	어순은 올바르나 어형 변형이 틀린 경우

06 우리 할머니는 내게 이 집이 얼마나 오래됐는지를 말씀해주셨다., O

해설 의문사 how가 이끄는 절이 동사 told의 직접목적어 역할을 하고 있다.

07 네가 어느 나라에서 왔는지는 내게 중요하지 않다., S

해설 의문사 Which가 이끄는 절이 문장에서 주어의 역할을 하고 있다.

08 점원이 내게 무슨 색의 드레스를 원하는지 물었다., O

해설 의문사 what이 이끄는 절이 문장에서 동사 asked의 직접목적어 역할을 하고 있다.

09 내 최근 관심사는 무슨 직업이 내게 가장 좋을지이다., C

해설 의문사 what이 이끄는 절이 동사 is의 보어 역할을 하고 있다.

10 얼마나 많은 사람들이 요가 강좌에 가입하는지가 수강료를 결정한다., S

해설 의문사 How가 이끄는 절이 문장에서 주어의 역할을 하고 있다.

배점	채점 기준
3	해석을 바르게 한 경우
3	기호를 바르게 쓴 경우

11 Who do you think sent this note?

12 I don't know what kind of music she enjoys.

13 My teacher asked me which foot I hurt.

14 How do you believe the Korean education system should change?

15 The important thing in choosing your major is what subject you like.

CHAPTER 0 9 관계사절 Ⅰ

UNIT 37 주격 관계대명사 who, which, that

01 which | 그녀는 박물관으로 가는 버스를 놓쳤다.

해설 선행사(the bus)가 사람이 아니므로 which가 적절하다.

02 which | 어떤 사람들은 현실에서 일어나지 않는 이야기들을 매우 좋아한다.

해설 선행사(stories)가 사람이 아니므로 which가 적절하다.

03 who | 그 회사는 경제학을 전공한 사람들만 고용한다.

해설 선행사(people)가 사람이므로 who가 적절하다.

04 which | 지진으로 파괴된 집들이 다시 지어지고 있다.

해설 선행사(The houses)가 사람이 아니므로 which가 적절하다.

05 who | 이 그림 강좌를 신청하고 싶어 하는 많은 학생들이 있다.

해설 선행사(a lot of students)가 사람이므로 who가 적절하다.

06 [which was on the dresser], [화장대 위에 있던] 거울은 어디에 있니?

07 [who is leading the parade], [행진을 이끌고 있는] 소녀는 나의 가장 친한 친구이다.

08 [which have a famous soundtrack], 그는 [유명한 영화음악이 있는] 영화를 좋아한다.

09 [who designs skyscrapers], 내 남동생은 [고층 건물을 설계하는] 건축가가 되었다.

10 [who donated this money to us], 우리는 [우리에게 이 돈을 기부한] 사람을 모른다.

배점	채점 기준
2	관계대명사절에 바르게 [ ]로 표시한 경우
2	해석을 바르게 한 경우
2	해석한 문장에서 관계대명사절 부분에 바르게 [ ]로 표시한 경우

[11~15] 〈보기〉 ⓐ 나는 나이 든 부인을 도왔다. + ⓑ 그녀는 가방을 잃어버렸다. → 나는 가방을 잃어버린 나이 든 부인을 도왔다.

11 It, which[that], I've bought a bicycle which[that] was made in Germany. | ⓐ 나는 자전거 한 대를 구입했다. + ⓑ 그것은 독일에서 만들어졌다. → 나는 독일에서 만들어진 자전거 한 대를 구입했다.

해설 선행사(a bicycle)가 사람이 아니고 관계사절 내에서 주어 역할을 하므로 주격 관계대명사 which 또는 that을 사용한다.

12 It, which[that], Last summer remains a good memory which[that] makes me happy. | ⓐ 지난여름은 좋은 기억으로 남아 있다. + ⓑ 그것은 나를 행복하게 만든다. → 지난여름은 나를 행복하게 만드는 좋은 기억으로 남아 있다.

해설 선행사(a good memory)가 사람이 아니고 관계사절 내에서 주어 역할을 하므로 주격 관계대명사 which 또는 that을 사용한다.

13 It, which[that], A beautiful lake which[that] gives people a place to relax is in my town. | ⓐ 아름다운 호수가 우리 마을에 있다. + ⓑ 그것은 사람들에게 휴식을 취할 장소를 제공해준다. → 사람들에게 휴식을 취할 장소를 제공해주는 아름다운 호수가 우리 마을에 있다.

해설 선행사(A beautiful lake)가 사람이 아니고 관계사절 내에서 주어 역할을 하므로 주격 관계대명사 which 또는 that을 사용한다.

14 He, who[that], The police caught the man who[that] stole a lot of money from a bank. | ⓐ 경찰은 그 남자를 잡았다. + ⓑ 그는 은행에서 많은 돈을 훔쳤다. → 경찰은 은행에서 많은 돈을 훔친 남자를 잡았다.

해설 선행사(the man)가 사람이고 관계사절 내에서 주어 역할을 하므로 주격 관계대명사 who 또는 that을 사용한다.

15 They, who[that], The customers who[that] were well satisfied wrote good reviews. | ⓐ 그 고객들은 좋은 리뷰를 썼다. + ⓑ 그들은 꽤 만족했다. → 꽤 만족한 고객들은 좋은 리뷰를 썼다.

해설 선행사(The customers)가 사람이고 관계사절 내에서 주어 역할을 하므로 주격 관계대명사 who 또는 that을 사용한다.

배점	채점 기준
2	ⓑ 문장에서 주어에 바르게 밑줄 그은 경우
2	ⓑ 문장에서 밑줄 그은 주어를 관계대명사로 바르게 바꾼 경우
2	ⓐ와 ⓑ 문장을 한 문장으로 바르게 바꿔 쓴 경우

16 which[that] | 우리는 불분명한 정보를 포함하는 부분을 바꿔야 한다.

해설 선행사(the part)가 사람이 아니므로 who 대신 which[that]를 써야 한다.

17 it 삭제 | 이것은 300명의 승객들을 수용할 수 있는 여객기이다.

해설 관계대명사절에서 which가 주어 it을 대신하므로 it을 삭제해야 한다.

18 who[that] is | 그는 해리를 삶의 멘토와 같은 진실된 친구라고 설명했다.

해설 접속사 없이 두 문장이 이어지므로 접속사와 주어 역할을 하는 관계대명사가 필요하다. 선행사(a true friend)가 사람이므로 he 대신에 주격 관계대명사 who 또는 that을 써야 한다.

19 tend | 거짓말을 하고 있는 사람들은 직접적인 눈 맞춤을 피하는 경향이 있다.

해설 〈주어+관계대명사절+동사 ~〉 구문이 왔으며, 주어가 People로 복수이므로 복수동사 tend를 써야 한다.

20 which[that] | 내 친구는 자신에게 리더가 되는 기회를 주는 일을 즐긴다.

해설 접속사 없이 두 문장이 이어지므로 접속사와 주어 역할을 하는 관계대명사가 필요하다. 선행사(the work)가 사람이 아니므로 it을 주격 관계대명사 which 또는 that으로 바꿔 쓴다.

UNIT 38 목적격 관계대명사 who(m), which, that

01 who | 우리가 어젯밤에 만난 여성은 수학을 가르친다.

02 whom | 내가 오늘 오후에 면접 본 남자들은 미국인들이다.

03 which | 이것은 내가 전자책 독자들을 위해 발명한 새로운 기기이다.

04 whom | 앤디는 내가 이 파티의 초대장을 준 소녀와 이야기하고 있다.

05 which | 나는 내가 내일까지 제출하기로 약속한 에세이를 막 끝냈다.

06 [who I saw yesterday], [내가 어제 본] 매니저는 아담이었다.

07 [that you left on the table], 나는 [네가 탁자 위에 둔] 꽃병을 깨뜨렸다.

08 [whom I contacted], [내가 연락한] 지원자는 정오까지 올 것이다.

09 [who I would like to recommend for the job], 저 사람이 [내가 그 일자리에 추천해주고 싶은] 소녀이다.

10 [which he sent you last week], 저에게 [그가 지난주에 당신에게 보낸] 편지를 건네주시겠습니까?

배점	채점 기준
2	관계대명사절에 바르게 [ ]로 표시한 경우
2	해석을 바르게 한 경우
2	해석한 문장에서 관계대명사절 부분에 바르게 [ ]로 표시한 경우

[11~15] 〈보기〉 ⓐ 너는 그 커피를 그 마셨어? + ⓑ 내가 널 위해 그것을 만들었어. → 너는 내가 널 위해 만든 커피를 마셨니?

11 which[that], The ornament which[that] you are holding is expensive. | ⓐ 그 장식품은 비싸다. + ⓑ 너는 그것을 들고 있다. → 네가 들고 있는 장식품은 비싼 것이다.

해설 선행사(The ornament)가 사람이 아니고 관계사절 내에서 목적어를 대신하므로 목적격 관계대명사 which또는 that이 적절하다.

12 which[that], Did you lose the scarf which[that] you borrowed from me? | Ⓐ 너는 그 스카프를 잃어버렸니? + Ⓑ 너는 그것을 내게서 빌렸다. → 너는 내게서 빌린 스카프를 잃어버렸니?

해설 선행사(the scarf)가 사람이 아니고 관계사절 내에서 목적어를 대신하므로 목적격 관계대명사 which 또는 that이 적절하다.

13 which[that], The skirt which[that] you ordered yesterday will be delivered in three days. | Ⓐ 그 치마는 3일 후에 배송될 것이다. + Ⓑ 너는 그것을 어제 주문했다. → 네가 어제 주문한 치마는 3일 후에 배송될 것이다.

해설 선행사(The skirt)가 사람이 아니고 관계사절 내에서 목적어를 대신하므로 목적격 관계대명사 which 또는 that이 적절하다.

14 who(m)[that], I have some close friends who(m)[that] I can tell all my secrets. | Ⓐ 나는 친한 친구들이 몇 명 있다. + Ⓑ 나는 그들에게 내 모든 비밀을 말할 수 있다. → 나는 내 모든 비밀을 말할 수 있는 친한 친구들이 몇 명 있다.

해설 선행사(some close friends)가 관계사절 내에서 간접목적어를 대신하므로 목적격 관계대명사 who(m) 또는 that이 적절하다.

15 which[that], The scientist solved a problem which[that] his colleagues failed to solve. | Ⓐ 그 과학자는 문제를 풀었다. + Ⓑ 그의 동료들은 그것을 푸는 것에 실패했다. → 그 과학자는 그의 동료들이 푸는 것에 실패한 문제를 풀었다.

해설 선행사(a problem)가 관계사절 내에서 to부정사의 목적어를 대신하므로 목적격 관계대명사 which 또는 that이 적절하다.

배점	채점 기준
3	Ⓑ 문장의 밑줄 친 목적어를 관계대명사로 바르게 바꾼 경우
3	Ⓐ와 Ⓑ 문장을 한 문장으로 바르게 바꿔 쓴 경우

16 [∨ you are singing now] | 네가 지금 부르고 있는 노래의 제목은 무엇이니?

17 [∨ I plan to take] | 내가 들으려고 계획하는 제빵 수업은 흥미로워 보인다.

18 [∨ I took yesterday] | 프로필에, 그는 내가 어제 찍어준 사진을 게시했다.

19 [∨ Andrew reserved for us] | 우리 가족은 앤드루가 우리를 위해 예약해준 호텔에서 머물 것이다.

20 [∨ we respect] | 우리가 존경하는 훌륭한 사람들은 그들의 명언으로도 유명하다.

배점	채점 기준
2	관계대명사가 생략된 곳에 ∨를 바르게 표시한 경우
2	관계대명사절에 바르게 [ ]로 표시한 경우

UNIT 39 관계대명사 whose

01 [whose engine broke down], 이것은 [엔진이 고장 난] 오토바이이다.

02 [whose husband died recently], [최근에 남편이 죽은] 노부인이 그곳으로 이사할 것이다.

03 [whose population is about 10 million], 서울은 [인구가 대략 천만 명 정도 되는] 도시이다.

04 [whose ingredients are organic], 많은 사람들이 [재료들이 유기농인] 음식을 선호한다.

05 [whose addresses have changed], [주소가 바뀐] 모든 고객들은 정보를 갱신해야 한다.

배점	채점 기준
3	관계대명사절에 바르게 [ ]로 표시한 경우
3	해석을 바르게 한 경우
3	해석한 문장에서 관계대명사절 부분에 바르게 [ ]로 표시한 경우

06 A woman whose car was stolen reported to the police. | Ⓐ 한 여자가 경찰에 신고했다. + Ⓑ 그녀의 차는 도난당했다. → 차를 도난당한 여자는 경찰에 신고했다.

해설 a woman과 car가 소유 관계

07 Cindy is the student whose handwriting is the best in my class. | Ⓐ 신디는 학생이다. + Ⓑ 그녀의 손글씨는 우리 반에서 최고이다. → 신디는 손글씨가 우리 반에서 최고인 학생이다.

해설 the student와 handwriting이 소유 관계

08 They will compensate passengers whose flights are delayed. | Ⓐ 그들은 승객들에게 보상할 것이다. + Ⓑ 그들의 항공편이 연착[지연]되었다. → 그들은 항공편이 연착[지연]된 승객들에게 보상할 것이다.

해설 passengers와 flights가 소유 관계

09 I threw away the jigsaw puzzle whose piece I lost by mistake. | Ⓐ 나는 그 조각 퍼즐을 버렸다. + Ⓑ 내가 실수로 그것의 조각 하나를 잃어버렸다. → 나는 내가 실수로 조각 하나를 잃어버린 조각 퍼즐을 버렸다.

해설 the jigsaw puzzle과 piece가 소유 관계

10 Many bookstores sell the book whose illustrations my best friend drew. | Ⓐ 많은 서점들이 그 책을 판매한다. + Ⓑ 내 가장 친한 친구가 그 책의 삽화를 그렸다. → 많은 서점들이 내 가장 친한 친구가 삽화를 그린 책을 판매한다.

해설 the book과 illustrations가 소유 관계

11 whose | 나는 많은 사람들이 경치를 추천한 호텔 방을 예약했다.

해설 접속사 없이 두 문장이 이어지므로 소유격 대명사 its를 접속사의 역할과 뒤의 명사가 선행사의 소유임을 나타내는 소유격 관계대명사 whose로 고쳐 써야 한다.

12 whose | 대부분 선생님들은 자신의 생각을 글쓰기에 포함시키는 학생들을 칭찬하신다.

> **해설** students와 writing이 소유 관계이므로 소유격 관계대명사 whose를 써야 한다.

13 whose | 몰리는 의사소통 방식이 친절하고 따뜻한 사람이다.

> **해설** a person과 communication style이 소유 관계이므로 소유격 관계대명사 whose를 써야 한다.

14 whose novel | 그녀는 자신이 문학 수업에서 읽고 있는 소설의 작가를 좋아한다.

> **해설** 접속사 없이 두 문장이 이어지고 the author와 novel이 소유 관계이므로 소유격 관계대명사 whose를 써야 한다.

15 their 삭제 | 사람들은 브랜드 이름이 잘 알려진 제품을 구입하는 경향이 있다.

> **해설** whose는 소유격의 역할을 하기 때문에 소유격 대명사 their와 중복하여 쓰지 않는다.

UNIT 40 전치사＋관계대명사

01 [from which you can never graduate], 경험은 [네가 결코 졸업할 수 없는] 학교이다.

> **해설** a school을 선행사로 하는 관계대명사 which가 관계사절 내에서 전치사 from의 목적어로 쓰였다. 이때 전치사는 절 끝에 남기도 한다. (= ~ a school which you can never graduate from.)

02 [which we were invited to], 우리는 [우리가 초대받은] 행사에 참석할 수 없었다.

> **해설** the ceremony를 선행사로 하는 관계대명사 which가 관계사절 내에서 전치사 to의 목적어로 쓰였다. 이때 전치사 to는 which 앞에 올 수도 있다. (= ~ the ceremony to which we were invited.)

03 [in which I stayed last night], [내가 어젯밤에 묵은] 리조트는 매우 편안했다.

> **해설** The resort를 선행사로 하는 관계대명사 which가 관계사절 내에서 전치사 in의 목적어로 쓰였다. 이때 전치사 in은 뒤에 남기도 한다. (= The resort which I stayed in last night ~.)

04 [whom a pizza was wrongly delivered to], [피자가 잘못 배달된] 고객이 항의했다.

> **해설** The customer를 선행사로 하는 관계대명사 whom이 관계사절 내에서 전치사 to의 목적어로 쓰였다. 이때 전치사 to는 whom 앞에 올 수도 있다. (= The customer to whom a pizza was wrongly delivered ~.)

배점	채점 기준
3	관계대명사절에 바르게 [ ]로 표시한 경우
3	해석을 바르게 한 경우
3	해석한 문장에서 관계대명사절 부분에 바르게 [ ]로 표시한 경우

05 which | 줄리는 고객이 요청한 물건을 보냈다.

> **해설** 선행사(the items)가 사물이므로 목적격 관계대명사로 whom 대신 which가 와야 한다. 전치사 for의 목적어 자리이므로 관계대명사 that은 올 수 없다.

06 with whom | 나와 경쟁한 그 소녀는 큰 실수를 했다.

> **해설** 〈전치사＋관계대명사〉 형태가 적절하다.

07 at which | 나는 입사 제안을 받을 순간을 기다리는 중이다.

> **해설** 전치사가 앞에 온 〈전치사＋관계대명사〉 형태에서 관계대명사는 생략할 수 없으므로 the moment를 선행사로 하고 전치사 at의 목적어 역할을 하는 관계대명사 which가 at 뒤에 와야 한다.

08 on which | 그녀는 그 영화가 바탕을 둔 책의 작가이다.

> **해설** 관계대명사 that은 전치사의 목적어가 될 수 없으므로 which로 바꿔 써야 한다.

- - - - - - - - - -

09 her 삭제 | 사라는 내가 긍정적인 후기를 발견한 유능한 의사이다.

> **해설** 관계대명사 whom이 전치사의 목적어 her를 대신하므로 중복으로 쓰인 목적어 her는 삭제해야 한다.

10 which[that], from, from, which | Ⓐ 대부분의 농장은 연못이 있다. + Ⓑ 소가 그곳에서 물을 마실 수 있다. → 대부분의 농장은 소가 물을 마실 수 있는 연못이 있다.

11 who(m)[that], with, with, whom | Ⓐ 나는 몇몇 사람들이 있다. + Ⓑ 나는 그들과 더 많은 시간을 보내고 싶다. → 나는 내가 함께 더 많은 시간을 보내고 싶은 몇몇 사람들이 있다.

12 which[that], to, to, which | Ⓐ 그 축제는 매혹적이었다. + Ⓑ 어젯밤 나는 그곳에 갔다. → 어젯밤 내가 간 그 축제는 매혹적이었다.

13 which[that], about, about, which | Ⓐ 어떤 것이 소설이니? + Ⓑ 너는 나에게 그것에 대해 말했다. → 어떤 것이 네가 나에게 말한 소설이니?

14 who(m)[that], to, to, whom | Ⓐ 그 사람은 내 남동생이었다. + Ⓑ 나는 그와 전화로 이야기했다. → 내가 전화로 이야기한 사람은 내 남동생이었다.

감점	채점 기준
-2	빈칸이 하나 틀린 경우

UNIT 41 관계부사 when, where, why, how

01 <u>the way in which, how</u> | 나는 우리가 일해 온 방식을 바꾸기를 제안한다.

> **해설** 선행사 the way와 관계부사 how는 함께 쓰지 않는다.

02 for which 또는 The reason for which, why | 내가 너를 방문하는 이유는 너에게 부탁하기 위해서이다.

03 in which, where | 이곳은 내 남동생과 내가 축구를 하곤 했던 공원이다.

04 <u>during which, when</u> | 너는 우리가 유럽에 갔던 방학을 기억하니?

05 <u>at which, where</u> | 우리가 티타임을 가진 카페는 백화점 근처에 있었다.

배점	채점 기준
2	밑줄을 바르게 그은 경우
2	올바른 관계부사를 쓴 경우

06 The day ∨ people say "trick or treat" is Halloween., when | 사람들이 "과자 안 주면 장난칠 테야"라고 말하는 날은 핼러윈이다.

해설 '시간'을 뜻하는 선행사인 The day 뒤 관계부사 when이 생략되었다.

07 Do you know ∨ why the hair salon is closed today?, the reason | 너는 왜 그 미용실이 오늘 닫았는지 아니?

해설 관계부사 why 앞에 '이유'를 뜻하는 선행사 the reason이 생략되었다.

08 Kindergarten is ∨ where kids can learn social etiquette., the place | 유치원은 아이들이 사회 예절을 배울 수 있는 곳이다.

해설 관계부사 where 앞에 '장소'를 뜻하는 선행사인 the place가 생략되었다.

09 I forgot ∨ when you came to my home for the first time., the time[day] | 나는 네가 우리 집에 처음 온 때[날]를 잊어버렸다.

해설 관계부사 when 앞에 '시간'을 뜻하는 선행사인 the time 혹은 the day가 생략되었다.

10 Her slow recovery indicates the reason ∨ building up physical strength is important., why | 그녀의 더딘 회복은 왜 체력을 기르는 것이 중요한지를 보여준다.

해설 '이유'를 뜻하는 선행사인 the reason 뒤 관계부사 why가 생략되었다.

배점	채점 기준
2	생략된 곳에 ∨를 바르게 표시한 경우
2	생략된 것을 바르게 쓴 경우

11 when[on which] 또는 삭제, 내가 아무것도 하고 싶지 않은 날은 토요일이다.

해설 '시간'을 나타내는 The day를 선행사로 받을 수 있는 관계부사 when 또는 on which가 와야 하며, 이때 관계부사 when은 생략 가능하다.

12 where[in which], 나는 나의 개와 함께 놀 수 있는 앞마당을 가지고 싶다.

해설 '장소'를 나타내는 a front yard를 선행사로 받을 수 있는 관계부사 where 또는 in which가 와야 한다.

13 when[during[in] which], 나는 내가 너를 처음으로 만난 화이트 크리스마스를 회상했다.

해설 '시간'을 나타내는 the White Christmas를 선행사로 받을 수 있는 관계부사 when 또는 during[in] which가 와야 한다.

14 why[for which] 또는 삭제, 온종일 네가 아무 말도 하지 않은 이유를 나에게 말해줘.

해설 '이유'를 나타내는 the reason을 선행사로 받을 수 있는 관계부사 why 또는 for which가 와야 하며, 이때 관계부사 why는 생략 가능하다.

15 how[the way (that)/the way in which], 우리 수학 선생님께서 우리에게 그 그래프를 분석하는 방법을 보여주셨다.

해설 how는 선행사인 the way를 생략하거나 how를 생략하고 선행사만 남겨야 한다. 또는 the way (that), the way in which로 대신할 수 있다.

배점	채점 기준
3	밑줄 친 부분을 바르게 고쳐 쓴 경우
3	해석을 바르게 한 경우

16 The city where my grandparents live is cold all year round. | 그 도시는 일 년 내내 춥다. + 우리 조부모님은 그 도시에 사신다. → 우리 조부모님이 사시는 도시는 일 년 내내 춥다.

17 September 16 is (the day) when Mexico was liberated from Spain. | 9월 16일은 그 날이다. + 멕시코는 그날에 스페인으로부터 해방되었다. → 9월 16일은 멕시코가 스페인으로부터 해방된 날이다.

18 She told me (the reason) why she changed our appointment time. | 그녀는 내게 이유를 말해 주었다. + 그녀는 그 이유로 우리의 약속 시간을 변경했다. → 그녀는 내게 우리의 약속 시간을 변경한 이유를 말해 주었다.

19 I like how the storyteller describes her experiences. | 나는 그 방식이 좋다. + 그 작가가 자신의 경험들을 그 방식으로 묘사한다. → 그 작가가 자신의 경험들을 묘사하는 방식이 좋다.

20 The tall building where my father works is located in the city center. | 그 고층 건물은 도심부에 위치한다. + 우리 아버지는 그 고층 건물에서 근무하신다. → 우리 아버지가 근무하시는 고층 건물은 도심부에 위치한다.

UNIT 42 콤마(,) 뒤의 관계대명사절

[01~05] 〈보기〉 그 가수는 자신의 콘서트를 미뤘다. 그런데 그것이 그의 팬들을 슬프게 했다.

01 , who has three sons, | 마틸다는, 그녀는 아들 세 명이 있기 때문에, 종종 베이비시터가 필요하다.

02 that she has | 이 손가방은 그녀가 가지고 있는 것보다 훨씬 더 저렴하다.

03 who took Chris to the party | 크리스를 파티에 데려간 사람은 에릭이었다.

04 , whose jokes make me laugh | 나는 패트릭을 좋아한다. 왜냐하면 그의 농담이 나를 웃게 하기 때문이다.

05 , which is on the fifteenth floor, | 그의 새 아파트는, 그것은 15층에 있는데, 전망이 매우 좋다.

---

06 산타클로스는, 많은 아이들이 그를 아주 좋아하는데, 크리스마스이브에 온다.

07 그 치즈는, 내가 그것을 냉장고에 보관했기 때문에, 여전히 신선하다.

08 당근 케이크는, 그것은 내가 가장 좋아하는 음식이지만, 너무 많은 열량을 가지고 있다.

09 엄마가 아빠를 데리러 가셨다, 왜냐하면 그의 차가 고장 났기 때문이다.

10 인도 여행 중에, 나는 한 매력적인 남성을 만났다, 그리고 그는 이제 내 남편이다.

배점	채점 기준
3	밑줄 친 부분의 해석은 바르지만 다른 부분 해석이 틀린 경우
3	다른 부분 해석은 바르지만 밑줄 친 부분의 해석이 틀린 경우

[11~15] 〈보기〉 나는 내 새 핸드폰을 좋아한다. 왜냐하면 그것은 더 좋은 배터리를 가졌기 때문이다.

11 to find a solution, but it was impossible | 나는 해결책을 찾으려 노력했다, 하지만 그것은 불가능했다.

12 the meeting, and it[the meeting] is about a new project | 그녀는 미팅을 준비했다. 그리고[그런데] 그것은 새로운 프로젝트에 대한 것이다.

13 He is always late for appointments, and it makes me angry | 그는 항상 약속에 늦는다, 그리고[그런데] 그것은 나를 화나게 한다.

14 Passwords, because they[passwords] are personal information | 비밀번호는 누설되지 않아야 한다, 왜냐하면 그것들은 개인 정보이기 때문이다.

15 Jason couldn't pass his driving test, but[and] it didn't surprise any of us | 제이슨은 운전 시험을 통과하지 못했다, 하지만[그리고] 그것은 우리 중 아무도 놀라게 하지 않았다.

배점	채점 기준
4	선행사에 바르게 밑줄을 그은 경우
4	알맞은 접속사를 사용하여 문장을 풀어 쓴 경우

UNIT 43 콤마(,) 뒤의 관계부사절

[01~05] 〈보기〉 나는 나의 어린 시절을 기억할 수 있다. 그런데 그때 나는 놀 시간이 많이 있었다.

01 , where we had breakfast | 우리는 인천공항에 도착했다. 그리고 그곳에서 우리는 아침을 먹었다.

02 when the singer releases her new album | 내일은 그 가수가 자신의 새로운 앨범을 발매하는 날이다.

03 , where they couldn't find anything wrong | 조사관들은 그의 공장을 점검했다. 그리고[하지만] 그곳에서 그들은 아무것도 잘못된 것을 찾을 수 없었다.

04 , when there was a pandemic | 관광 업계는 2020년에 손실을 보았다, 왜냐하면 그때 유행병이 있었기 때문이다.

05 where my sister had lost her wallet | 우리는 우리 언니가 지갑을 잃어버렸던 장소로 다시 갔다.

---

06 내일은 블랙프라이데이이다, 그런데 그때 많은 상점들이 할인을 제공한다.

07 내 친구와 나는 버킹엄 궁전에 방문했다, 그런데 그곳에는 왕족이 산다.

08 그 학회는 뉴욕시에서 개최될 것이다, 그런데 그곳에서 내 사촌이 일을 한다.

09 나는 2월에 결혼할 것이다, 하지만 그때 나의 남자 형제는 내 결혼식에 참석할 수 없다.

10 우리 부모님께서는 신정을 학수고대하신다, 왜냐하면 그때 모든 가족이 모이기 때문이다.

배점	채점 기준
3	밑줄 친 부분의 해석은 바르지만 다른 부분 해석이 틀린 경우
3	다른 부분 해석은 바르지만 밑줄 친 부분의 해석이 틀린 경우

[11~15] 〈보기〉 그의 사무실은 3층에 있다. 그런데 그 층에 많은 법률 사무소들이 있다.

11 last Sunday, and we stopped by the library together on that day | 나는 지난 일요일에 피터를 만났다. 그리고 그날 우리는 도서관에 함께 잠깐 들렀다.

12 Paris, because there are many art galleries in that place[city] | 레이나는 파리에 있는 것을 좋아한다, 왜냐하면 그곳에 많은 미술관이 있기 때문이다.

13 2 p.m., but[and] I got stuck in traffic at that time | 오리엔테이션 프로그램은 오후 2시에 시작했다, 하지만[그런데] 그때 나는 교통 체증에 갇혀있었다.

14 her hometown, because she can enjoy the fresh air in that place | 소라는 자신의 고향에서 살기를 원한다, 왜냐하면 그곳에서 그녀는 맑은 공기를 즐길 수 있기 때문이다.

15 spring, because cherry blossoms are in full bloom at that time[season] | 그의 딸은 봄을 좋아한다, 왜냐하면 그때 벚꽃이 만개하기 때문이다.

배점	채점 기준
4	선행사에 바르게 밑줄을 그은 경우
4	알맞은 접속사를 사용하여 문장을 풀어 쓴 경우

UNIT 44 관계대명사 what

01 what I had in mind, **내가 생각한 것**, C | 그것이 바로 내가 생각한 것이다.

02 What makes you look beautiful, **너를 아름다워 보이게 만드는 것은**, S | 너를 아름다워 보이게 만드는 것은 너의 미소이다.

03 what the man described about the thief, **그 남자가 도둑에 관해 묘사한 것을**, O | 경찰은 그 남자가 도둑에 관해 묘사한 것을 적었다.

04 What's bothering me right now, **지금 현재 나를 괴롭히고 있는 것은**, S | 지금 현재 나를 괴롭히고 있는 것은 그의 크고 화난 목소리이다.

05 what can be done today, **오늘 할 수 있는 것을**, O | 오늘 할 수 있는 것을 절대 내일로 미루지 마라.

해설 till tomorrow는 동사(put off)와 목적어(what ~ today) 사이에 삽입된 부사구이다.

배점	채점 기준
2	What[what]이 이끄는 절에 바르게 밑줄을 그은 경우
2	What[what]이 이끄는 절을 바르게 해석한 경우
2	✔를 바르게 표시한 경우

06 This report is what I'd like to talk about. | 이 보고서는 내가 이야기하고 싶은 것이다.

07 I can't believe what I'm hearing. | 나는 내가 듣고 있는 것을 믿을 수 없다.

08 What Leo is experiencing is not his fault. | 레오가 경험하고 있는 것은 그의 잘못이 아니다.

09 I tried to figure out what my client wanted. | 나는 내 고객이 원하는 것들을 알아내려고 노력했다.

10 What he is looking for is the answer to this question. | 그가 찾고 있는 것은 이 문제에 대한 답이다.

11 What | 나를 행복하게 하는 것은 다른 사람들을 행복하게 만드는 것이다.

해설 선행사가 없고 뒤에 불완전한 구조가 이어지므로 선행사를 포함하고 있는 관계대명사 What이 적절하다. 이때 What은 주어 역할을 하는 명사절을 이끈다.

12 that | 내가 관심 있는 과목들은 화학과 생물학이다.

해설 네모 앞에 선행사(The subjects)가 있으므로 관계대명사 that이 적절하다.

13 what | 때때로 사람들은 당신이 말하려고 의도한 것을 오해할 수 있다.

해설 앞에 선행사가 없고 뒤에 불완전한 구조가 이어지므로 선행사를 포함하고 있는 관계대명사 what이 적절하다. 이때 what은 동사 can misunderstand의 목적어 역할을 하는 명사절을 이끈다.

14 that | 나는 밤에 나를 깨어있게 만드는 심각한 문제를 가지고 있다.

해설 관계대명사절(that ~ at night)이 선행사(a serious problem)를 수식하므로 관계대명사 that이 적절하다.

15 which | 요람에서 배운 것이 무덤까지 간다. (→ 세 살 버릇 여든까지 간다.)

해설 the thing which = what

16 What I ate last night gave me a stomachache.

17 Winners do what losers don't want to do.

18 The professor was impressed by what the student mentioned in her essay.

19 Motivation is what leads students to study by themselves.

UNIT 45 시간/조건의 부사절

01 **내가 집에 도착할 때까지** | 내가 집에 도착할 때까지 그 선물 상자를 열어보지 마.

02 **내가 공원에서 조깅을 하고 있는 동안에** | 내가 공원에서 조깅을 하고 있는 동안에, 나는 같은 반 친구를 만났다.

03 **그녀(나의 여동생)는 자신의 집안일을 끝낸 후에** | 그녀(나의 여동생)는 자신의 집안일을 끝낸 후에 산책을 하러 나갔다.

04 **그(그 소년)는 홀로 남겨지자마자** | 그(그 소년)는 홀로 남겨지자마자 울기 시작했다.

05 **그녀가 런던으로 이사한 이후로** | 그녀가 런던으로 이사한 이후로 10년이 지났다.

06 만약 그것(텔레비전)이 큰 화면을 가지고 있다면, 부사절 | 만약 그것(텔레비전)이 큰 화면을 가지고 있다면 나는 그 텔레비전을 구입할 것이다.

07 그가 일을 제시간에 끝낼 수 있는지를, 명사절 | 나는 그가 일을 제시간에 끝낼 수 있는지를 모르겠다.

08 만약 당신이 저의 도움이 필요하시다면, 부사절 | 만약 당신이 저의 도움이 필요하시다면, 제게 편히 연락해주세요.

09 도서관이 어떤 특정한 책을 가지고 있는지를, 명사절 | 도서관이 어떤 특정한 책을 가지고 있는지를 제가 어떻게 알 수 있나요?

10 만약 그 글이 변경될 필요가 있으면, 부사절 | 만약 그 글이 변경될 필요가 있으면, 제게 즉시 알려주세요.

배점	채점 기준
2	해석을 바르게 한 경우
2	✔를 바르게 표시한 경우

11 come | 나는 그들이 와서 나를 데려갈 때까지 집에 머물 것이다.
해설 until이 이끄는 시간의 부사절에서는 현재시제가 미래를 대신하므로 come이 알맞다.

12 apologize | 네가 그에게 사과하면 그는 너를 용서할 거야.
해설 when이 이끄는 시간의 부사절에서는 현재시제가 미래를 대신하므로 apologize가 알맞다.

13 Unless | 우리 모두가 협력하지 않는다면, 이 축제는 열릴 수 없다.
해설 '~하지 않는다면'의 뜻을 가진 조건 접속사 Unless가 적절하다.

14 while | 나는 보통 그녀(내 이웃)가 없는 동안 내 이웃의 고양이에게 먹이를 준다.
해설 접속사인 while 뒤에는 〈주어+동사〉 형태의 절이 오지만 전치사인 during 뒤에는 명사(구)가 온다.

15 If | 만약 네가 잠에 들지 못한다면, 한번 따뜻한 우유를 조금 마셔 봐라.
해설 잠에 들지 못한 경우의 '조건'을 나타내는 부사절 접속사 If가 알맞다. 주절의 내용은 그에 대한 '결과'를 나타낸다.

16 As, 가을이 오면서[올 때], 나뭇잎들은 색을 바꾸기 시작한다.

17 unless, 만약 내가 밤늦게까지 일해야 하는 것이 아니라면 나는 그 파티에 참석할 것이다.

18 before, 저녁을 먹기 전에 손을 먼저 씻어라.

19 If, 만약 당신이 기타를 열심히 연습한다면, 당신은 언젠가 이 노래를 연주할 수 있을 것이다.

20 since, 새 코치님께서 우리 팀에 합류하신 이후로 나의 테니스 실력이 많이 향상되었다.
해설 since가 이끄는 부사절엔 과거시제가, 주절에는 완료형이 많이 쓰인다.

배점	채점 기준
4	알맞은 접속사를 고른 경우
4	해석을 바르게 한 경우

UNIT 46 원인/목적/결과의 부사절

01 오늘은 일요일이므로, 집에 머물며 휴식을 취하자.

02 오늘은 제니의 생일이기 때문에 나는 그녀와 외식할 것이다.

03 우리 선생님은 아주 사려 깊으셔서 모든 학생들이 그를 좋아한다.

04 내 남동생은 다리를 다쳤기 때문에[다친 이후로] 병원에 입원해 있다.

05 기차를 놓치지 않도록 아침에 일찍 떠나라.

06 지난주 큰 폭풍이 왔기 때문에, 모든 학교가 휴교하였다.

07 모두가 열심히 일해서, (그 결과) 그 일은 예정보다 먼저 끝날 것이다.

08 우리는 함께 걸으면서, 우리의 이번 주말 계획에 대해 이야기했다.

09 우리가 음악을 더 잘 들을 수 있도록 음량을 높여 주시겠습니까?

10 그것은 아주 당황스러운 상황이어서 나는 그것에 대해 완전히 잊고 싶다.

11 so | 나는 너무 열심히 운동을 해서 근육통이 생겼다.
해설 〈so+형용사/부사+that ~〉: 아주 …해서 ~하다

12 so | 나는 피부가 더 건강해질 수 있도록 비타민 C를 매일 섭취한다.

13 Since | 우리는 그 게임에 졌기 때문에, 결승전의 자격을 얻을 수 없었다[결승전에 진출할 수 없었다].

14 that | 이것은 아주 감정적인 순간이어서 나는 그것을 말로 설명할 수 없다.
해설 〈such (a/an) (형용사+)명사+that ~〉: 아주 …해서 ~하다

15 As | 오늘 햇볕이 매우 강렬하므로, 너는 선글라스를 써야 한다.

16 such exciting news that
해설 news는 셀 수 없는 명사이므로 a(n)이 붙지 않는다.

17 as our analysis will be evaluated

18 so difficult that some students give up

19 so that he can become a robotics engineer

20 because his brother was making a lot of noise

감점	채점 기준
-3	어순은 올바르나 잘못된 단어를 제외한 경우

UNIT 47 대조의 부사절

01 비록 사막에서의 낮은 덥지만, 밤은 춥다.

02 그는 실외 활동을 즐기는 반면, 그의 아내는 집에 있는 것을 선호한다.

03 비록 그 박물관은 매우 작지만, 그곳은 가볼 만하다.

04 그녀의 아버지께서 저녁을 준비하시는 동안, 그녀는 집을 청소했다.
해설 while이 '~하는 동안'을 의미할 때는 진행형과 자주 쓰인다.

05 비록 그 남자는 근무 경력이 없지만, 그는 유망한 지원자이다.

배점	채점 기준
10	밑줄 친 부사절의 해석은 바르지만 다른 부분 해석이 틀린 경우
10	다른 부분 해석은 바르지만 밑줄 친 부사절의 해석이 틀린 경우

CHAPTER 1 1 부정/비교/가정법

UNIT 48 부정구문

01 little, 데이비드는 바쁘기 때문에 운동할 시간이 거의 없다.

02 few, 이 호수가 바싹 말라버린 이후에, 요즘에는 관광객이 거의 없다.

03 a little, 그녀는 한국어를 조금 해서, 우리는 그녀와 의사소통할 수 있었다.

04 a few, 릴리는 매우 수줍음이 많지만 학교에 몇몇 친구가 있다.

05 little, 존은 인내심이 거의 없기 때문에 퍼즐 푸는 것을 잘하지 못한다.

배점	채점 기준
3	네모 안에서 알맞은 것을 고른 경우
3	해석을 바르게 한 경우

06 너무 어두워서 비키는 그를 거의 볼 수 없었다.
> 해설 scarcely: 거의 ~하지 않는, 거의 ~아닌

07 그가 여기에 있기를 원하는지는 결코 확실하지 않다.
> 해설 far from: 결코 ~ 아닌

08 우리 언니는 항상 늦게까지 일해서, 우리는 저녁을 좀처럼 같이 먹지 않는다[우리는 저녁을 같이 먹는 일이 드물다].
> 해설 seldom: 좀처럼 ~하지 않는, 드물게

09 나는 마침내 그의 계산이 결코 맞지[정확하지] 않다는 것을 증명했다.
> 해설 anything but: 결코 ~ 아닌

10 그 소녀는 돈이 전혀 없었기 때문에 빵값을 지불할 수 없었다.
> 해설 not ~ at all: 전혀 ~가 아닌

11 ⓑ | 네가 믿는 것이 항상 진리인 것은 아니다.
> 해설 not always: 항상 ~인 것은 아닌

12 ⓑ | 개리는 전혀 대학 교육비를 낼 형편이 안 된다.
> 해설 not ~ at all: 전혀 ~가 아닌

13 ⓑ | 강한 비판이 아이들에게 반드시 이로운 것은 아니다.
> 해설 not necessarily: 반드시 ~인 것은 아닌

14 ⓐ | 나는 두 사람에게 길을 물었지만, 그들 중 어느 쪽도 내게 대답해 주지 않았다.
> 해설 neither: (둘 중에) 어느 쪽도 ~가 아닌

15 ⓐ | 기말고사는 쉬웠지만, 모든 학생이 그것을 통과한 것은 아니었다.
> 해설 not all: 모두 ~인 것은 아닌

16 None of them belonged to me

17 Few people can explain the grammar

18 there is little time to escape

19 my house was not[wasn't] affected at all

20 in the front row are not[aren't] necessarily the best ones

배점	채점 기준
3	〈보기〉에서 올바른 표현을 골랐으나 고른 표현과 괄호 안의 어구를 바르게 배열하지 못한 경우

UNIT 49 비교구문 I

01 대 피라미드는 만리장성만큼 유명하다.

02 대회 전, 잭은 나만큼 긴장을 느낀다.

03 나는 그녀가 그랬던(도착했던) 것만큼 일찍 역에 도착했다.

04 그 영화는 그것의 원작 소설만큼 성공적이었다.

05 그 놀이공원은 아직도 어제 그랬던(붐볐던) 것만큼 붐빈다.

06 ✕, can 또는 삭제 | 나는 카일이 할(읽을) 수 있는 만큼 책을 빨리 읽을 수 있다.
> 해설 앞에 쓰인 조동사구(can read books)를 대신하는 동사 자리이므로 조동사 can으로 고치거나 is를 삭제한다.

07 ✕, mine[my house] | 데이비드의 집은 크지만, 그것은 나의 것(집)만큼 아름답지 않다.
> 해설 '데이비드의 집'과 '나의 집'을 비교하는 것이 적절하므로 격을 일치시킨 소유대명사 mine 또는 my house가 와야 한다.

08 ○ | 시내에서 우리가 본 호텔은 이것(호텔)만큼 컸다.
> 해설 이때 부정대명사 one은 앞에 나온 hotel의 반복을 피하기 위해 사용되었다.

09 ○ | 이 게임은 체스 게임만큼 흥미로운 것 같지 않다.

10 ✕, keeping | 당신의 뇌를 건강하게 유지하는 것은 당신의 심장을 건강하게 유지하는 것만큼 중요하다.
> 해설 비교되는 대상인 Keeping your brain healthy와 문법적으로 대등해야 하므로 keeping으로 고치는 것이 적절하다.

감점	채점 기준
-1	✕는 올바르게 표시했지만, 틀린 부분을 바르게 고치지 못한 경우

번호	원급	비교급	최상급
11	fast	faster	fastest
12	easy	easier	easiest
13	useful	more useful	most useful
14	near	nearer	nearest
15	slowly	more slowly	most slowly
16	strong	stronger	strongest
17	many, much	more	most
18	little(양이 적은)	less	least
19	fat	fatter	fattest
20	dry	drier	driest
21	tall	taller	tallest
22	fluently	more fluently	most fluently
23	bad(나쁜), ill(아픈)	worse	worst
24	thin	thinner	thinnest
25	wise	wiser	wisest
26	long	longer	longest
27	funny	funnier	funniest
28	fine	finer	finest
29	hard	harder	hardest
30	young	younger	youngest
31	pretty	prettier	prettiest
32	great	greater	greatest
33	far(먼)	further/ farther	furthest/ farthest
34	happy	happier	happiest
35	big	bigger	biggest
36	wide	wider	widest
37	carefully	more carefully	most carefully
38	fresh	fresher	freshest
39	high	higher	highest
40	old	older/elder	oldest/eldest
41	cold	colder	coldest
42	enjoyable	more enjoyable	most enjoyable
43	good(좋은), well(잘)	better	best
44	powerful	more powerful	most powerful
45	heavy	heavier	heaviest
46	clearly	more clearly	most clearly
47	specific	more specific	most specific
48	safe	safer	safest
49	late(늦은)	later	latest
50	helpful	more helpful	most helpful

51 **wiser** | 나는 그녀가 나보다 더 현명한지 몰랐다.

해설 구어체에서는 주로 than 뒤에 〈주격 대명사(+동사)〉가 아닌 목적격 대명사를 쓴다.

52 **stronger** | 그 팀의 수비진은 공격진보다 더 강하다.

53 **heavier** | 이 새로운 여행 가방은 낡은 것(여행 가방)보다 더 무겁다.

54 **more easily** | 아이들은 어른들보다 더 쉽게 병에서 회복하는 경향이 있다.

55 **worse** | 너무 과한 것은 아무것도 없는 것보다 더 나쁘다.

56 **better** | 오늘의 날씨는 어제의 것(날씨)보다 더 좋다.

57 **more** | 지미는 나보다 더 가벼웠다. 그러나 지금은, 그가 나보다 체중이 더 나간다.

58 **less** | 나는 지난해 그랬던(썼던) 것보다 올해 더 적은 돈을 썼다.

해설 did는 spent를 대신하는 대동사이다.

59 자전거는 보통 자동차만큼 비싸지 않다.

60 그의 팀은 우리 팀이 그랬던(완수했던) 것보다 더 빠르게 임무를 완수했다.

61 이 해변에서 수영하지 마세요. 물이 얼음만큼 차갑습니다.

62 제니퍼의 조언은 나의 것(조언)보다 훨씬 더 유용하게 들린다.

63 효율적인 의사소통을 위해 듣는 것이 말하는 것보다 더 중요하다.

해설 비교되는 대상끼리는 문법적으로 대등해야 하므로 Listening과 talking 모두 동명사로 쓰였다.

64 ○ | 그의 남동생은 그가 그런(용감한) 것만큼 용감하지 않다.

해설 〈A not as[so] 형용사/부사 as B〉: A는 B(가 ~한) 만큼 ~하지 않은/않게

65 ✕, than | 이 사다리는 다른 것들(사다리들)보다 더 길다.

해설 〈비교급+than〉 구문으로 longer 뒤에는 as 대신 than이 와야 한다.

66 ○ | 재활용된 종이는 새 종이보다 훨씬 더 경제적이다.

해설 비교급을 강조하는 a lot은 '훨씬 더 ~한/하게'로 해석된다.

67 ✕, busier | 내일 회의는 오늘 회의보다 더 바쁠 것이다.

해설 busy의 비교급은 busier이다.

68 ✕, much[(by) far, a lot, still, even] | 스마트폰은 내게 노트북보다 훨씬 더 편리하다.

해설 〈much, (by) far, a lot, still, even+비교급〉: 훨씬 더 ~한/하게

감점	채점 기준
-1	✕는 올바르게 표시했지만, 틀린 부분을 바르게 고치지 못한 경우

69 drier than last summer

70 still taller than his friends

71 much faster than a taxi

72 more fluently than I[me]

73 a bit more difficult than his old ones

배점	채점 기준
1	어순과 추가한 단어는 올바르나 어형 변형이 틀린 경우

UNIT 50 비교구문 Ⅱ

01 마리아는 나의 모든 친구들 중에서 가장 활동적인 사람이다.

02 이 박물관은 세계에서 가장 큰 다이아몬드를 가지고 있다.

03 비행기가 더 높이 있을수록, 더 적은 공기가 있다.

04 좋은 훈련 과정 후에, 그의 축구 기술은 점점 더 좋아졌다.

05 가능한 한 일찍 집에 와서 내가 파티 준비하는 것을 도와주세요.

06 **more diligent, the most diligent student** | 브라운 선생님의 학급에서 다른 어떤 학생도 제임스만큼 성실하지 않다.
= 브라운 선생님의 학급에서 다른 어떤 학생도 제임스보다 더 성실하지 않다.
= 제임스는 브라운 선생님의 학급에서 가장 성실한 학생이다.

07 **as[so] beautiful as, the most beautiful** | 이 박물관에 있는 다른 어떤 그림도 그녀의 그림보다 더 아름답지 않다.
= 이 박물관에 있는 다른 어떤 그림도 그녀의 그림만큼 아름답지 않다.
= 그녀의 그림은 이 박물관에 있는 모든 그림들 중에서 가장 아름답다.

08 **more specifically than, most specifically** | 아무도 우리 교수님만큼 명확하게 이 이론을 설명할 수 없다.
= 아무도 우리 교수님보다 더 명확하게 이 이론을 설명할 수 없다.
= 우리 교수님은 이 이론을 가장 명확하게 설명하실 수 있다.

09 **as[so] important as, more important than** | 품질은 내가 옷을 살 때 가장 중요한 요소이다.
= 내가 옷을 살 때 다른 어떤 요소도 품질만큼 중요하지 않다.
= 내가 옷을 살 때 다른 어떤 요소도 품질보다 더 중요하지 않다.

10 **as[so] wonderful as, more wonderful than** | 그 폭포는 이 섬에서 가장 멋진 관광 명소이다.
= 이 섬에서 다른 어떤 관광 명소도 그 폭포만큼 멋지지 않다.
= 이 섬에서 다른 어떤 관광 명소도 그 폭포보다 더 멋지지 않다.

감점	채점 기준
-3	문장 하나가 틀린 경우

11 the oldest runner in this marathon

12 more and more popular

13 as[so] precious as living a healthy life

14 the most talented artist I have ever met

15 **The more money a company makes**
해설 비교급이 수식하는 명사가 있으면 〈the 비교급＋명사〉와 같이 비교급 뒤에 명사를 붙여 쓴다.

배점	채점 기준
3	어순과 추가한 단어는 올바르나 어형 변형이 틀린 경우

16 **more expensive than** | 런던으로의 여행은 시애틀로의 여행보다 더 비싸다.

17 **as crowded as** | 시애틀은 시드니만큼 붐빈다.

18 **the sunniest** | 시드니는 세 도시들 중 가장 화창하다.

19 **farther[further]** | 다른 어떤 도시도 런던보다 더 멀리 떨어져 있지 않다.

UNIT 51 가정법

01 **만약 네가 한국에 산다면, 현재** | 만약 네가 한국에 산다면, 나는 매주 너를 만날 수 있을 텐데.

02 **만약 비가 오지 않았더라면, 과거** | 만약 비가 오지 않았더라면, 우리 아들은 소풍에 갈 수 있었을 텐데.

03 **만약 내가 마법사라면, 현재** | 만약 내가 마법사라면, 나는 세상을 더 나은 곳으로 바꿀 텐데.

04 **만약 내 학생이 나의 충고를 들었더라면, 과거** | 만약 내 학생이 나의 충고를 들었더라면, 그녀는 시간과 노력을 절약했을 텐데.

배점	채점 기준
3	해석을 바르게 한 경우
3	✔를 바르게 표시한 경우

05 **had, would jump** | 모두가 물속에서 너무 재미있게 놀고 있고, 오늘 날씨는 정말 덥다. 만약 내가 수영복이나 여분의 옷을 가지고 있다면, 나는 수영장에 뛰어들 텐데.
해설 현재 사실과 반대되는 일을 가정하고 있으므로 가정법 과거를 쓴다.

06 **had known, could have prepared** | 나는 내 여동생이 우리 고향으로 돌아오고 있는지 몰랐다. 만약 내가 알았더라면, 나는 환영 파티를 준비할 수 있었을 텐데.
해설 과거 사실과 반대되는 일을 가정하는 것이므로 가정법 과거완료를 쓴다.

07 **hadn't been, would have had** | 폴은 어젯밤 할 일이 많아서, 그는 가족 저녁 식사에 참석할 수 없었다. 그가 어젯밤 바쁘지 않았더라면, 그는 가족과 저녁 식사를 했을 텐데.
해설 과거 사실과 반대되는 일을 가정하는 것이므로 가정법 과거완료를 쓴다.

08 **were, could take** | 눈이 하루 종일 내리고 있기 때문에 나는 운전

수업을 취소해야 한다. 만약 오늘 날씨가 화창하다면, 나는 운전 수업을 받을 수 있을 텐데.

해설 현재 눈이 내리고 있으므로 가정법 과거로 쓰는 것이 적절하다. be동사는 수와 인칭에 상관없이 were를 쓴다.

감점	채점 기준
-3.5	빈칸 하나가 틀린 경우

09 I would have picked you up

해설 pick up과 같은 구동사의 목적어로 대명사가 쓰일 때는 대부분 대명사를 구동사 사이에 쓴다. (pick up you (×))

10 it were not for the sun

해설 〈If it were not for ~, S+would+동사원형〉: (지금) ~이 없다면 …할 텐데

11 I could get a higher grade

12 I had arrived 10 minutes earlier

13 you would never learn and grow

14 you could have had more good experiences

배점	채점 기준
4	어순과 추가한 단어는 올바르나 어형 변형이 틀린 경우

CHAPTER 1 2 it/특수 구문

UNIT 52 it Ⅰ

01 spring | 나는 봄을 매우 좋아한다. 그것(=봄)은 일 년 중 가장 멋진 시기이다.

02 that he was good at dancing | 그는 자신이 춤을 잘 춘다고 말했다. 그러나 그것(=그가 춤을 잘 춘다는 것)은 거짓말이었다.

03 to play ukulele together | 켄과 나는 우쿨렐레를 함께 연주하고 싶다. 그것(=우쿨렐레를 함께 연주하는 것)은 멋질 것이다.

04 That sofa | 저 소파는 좋아 보인다. 그것(=저 소파)은 우리에게 너무 비싸지도 않다.

05 If you give me the chance | 만약 당신이 저에게 기회를 주신다면, 저는 그것(=당신이 저에게 기회를 주시는 것)을 대단히 감사드리겠습니다.

06 ⓐ | 내 알람이 울리면, 그것은 오전 7시 30분이라는 것을 의미한다.

07 ⓒ | 서울에서 개성까지 고작 53.7 km이다.

08 ⓑ | 토요일에는 폭우 이후에 화창하다.

09 ⓓ | 아직 밖이 어두울 때는 아침에 일어나는 것이 힘들다.

해설 여기서 첫 번째 it은 가주어이고, 진주어는 to get up in the morning이다.

10 ⓔ | 오늘 무슨 요일이야? 수요일 아니면 목요일?

11 제이크는 돌을 잡아 그것을 물속에 던졌다.

해설 it = a stone

12 우리는 빈자리를 찾으려고 노력하고 있었지만, 그것은 불가능했다.

해설 it = to find empty seats

13 모두가 그의 능력에 대해 의심하는 것 같다.

해설 〈It appears that ~〉: ~인 것 같다, ~인 듯하다

14 내 컴퓨터에 잘못된 것이[문제가] 있는 것 같다.

해설 〈It seems that ~〉: ~인 것 같다, ~인 듯하다

15 서울에서 부산까지 KTX로 약 두 시간 반이 걸린다.

해설 비인칭 주어 it(시간)

UNIT 53 it Ⅱ

01 think it important to teach sign language

02 believe it unhealthy that kids skip breakfast

03 leave it confidential that our company invented new technology

04 was at the bank that my wife phoned me, 아내가 나에게 전화를 건 곳은 바로 은행에서였다.

05 was her secret that Jane told me last night, 어젯밤 제인이 나에게 말해준 것은 바로 자신의 비밀이었다.

06 was while I was in London that I visited the museum, 내가 그 박물관을 방문한 때는 바로 내가 런던에 있는 동안이었다.

배점	채점 기준
3	〈It is[was] ~ that〉 강조구문으로 바르게 바꿔 쓴 경우
3	해석을 바르게 한 경우

07 ✕ | 유미가 거미를 무서워하는 것은 확실하다.

해설 〈It is 형용사 that …〉: 가주어-진주어 구문

08 ○ | 우리를 눈물 나게 한 것은 바로 토니의 이야기였다.

해설 주어 역할을 하는 명사구(Tony's story) 강조

09 ✕ | 내가 그와 친구가 되는 것이 바로 내 바람이다.

해설 It is, that을 제외하면 문장이 불완전하므로 가주어-진주어 구문

10 ◯ | 모두를 화나게 만든 것은 바로 그의 예의 없는 태도였다.

해설 주어 역할을 하는 명사구(his impolite attitude) 강조

11 ◯ | 그녀의 가족이 캠핑을 가는 때는 바로 다음 주말 동안이다.

해설 부사구(during the next weekend) 강조

---

12 ⓐ, 그가 그 문제를 푼 것은 놀라웠다.

13 ⓑ, 나는 잠자리에 들기 전에 독서하는 것을 좋다고 여긴다.

14 ⓐ, 우리가 제시간에 집에 가는 것은 불가능해 보인다.

15 ⓑ, 나는 청중의 관심을 끌기가 어렵다고 생각했다.

16 ⓒ, 전쟁이 시작된 때는 바로 폭탄이 떨어진 때였다.

배점	채점 기준
4	It[it]의 역할을 바르게 고른 경우
3	해석을 바르게 한 경우

UNIT 54 도치구문

01 **is a birthday gift** | 생일 선물이 내 눈앞에 있다.

해설 장소의 부사구 In front of my eyes가 문장 앞으로 나가면 주어와 동사가 도치된다.

02 **do some people know** | 어떤 사람들은 그들 주위에 있는 식물의 가치를 거의 알지 못한다.

해설 부정어 Hardly가 문장 앞으로 나가면 주어와 동사가 도치된다. 이때 일반동사(know)는 〈do/does/did+S+동사원형〉의 어순이 되는데, 주어(some people)가 3인칭 복수이고 시제는 현재(know)이므로 do를 쓴다.

03 **does Sally visit** | 샐리는 요즘 조부모님을 좀처럼 방문하지 않는다.

해설 부정어 Seldom이 문장 앞으로 나가면 주어와 동사가 도치된다. 주어(Sally)가 3인칭 단수이고 시제는 현재(visits)이므로 does를 쓴다.

04 **is the wool knit warm** | 양털 니트는 따뜻할 뿐 아니라, 부드럽다.

해설 부정어 포함 어구 Not only가 문장 앞으로 나가면 주어와 동사가 도치된다.

배점	채점 기준
3	어순은 올바르나 동사의 어형 변형이 틀린 경우

05 **did** | 나는 그가 내게 화가 났다는 것을 거의 알아차리지 못했다.

해설 부정어 Little이 문장 앞에 위치하여 주어와 동사가 도치되었다. 이때, 일반동사(realized)는 〈do/does/did+S+동사원형〉의 어순이 되므로 did가 적절하다. (← I realized little that he was angry at me.)

06 **are** | 세계에는 약 70억 명의 사람들이 있다.

해설 〈There+be동사+S〉 구문에서 동사의 수는 주어(about 7 billion people)와 일치시킨다.

07 **are** | 이 상자 안에는 그녀가 잃어버린 그녀의 소지품들이 있다.

해설 장소의 부사구 In this box가 문장 앞에 위치하여 주어와 동사가 도치되었다. 동사의 수는 주어(her belongings that she lost)와 일치시킨다. (← Her belongings that she lost are in this box.)

08 **does** | 그는 학급 회의에서 결코 의견을 제공하지 않는다.

해설 부정어 Never가 문장 앞에 위치하여 주어와 동사가 도치되었다. 이때, 주어(he)가 3인칭 단수이므로 does가 적절하다. (← He never provides suggestions ~.)

---

09 **so was Jason** | 나는 그 영화에 감명을 받았고 제이슨도 그랬다(감명을 받았다).

해설 〈so+V+S〉: S도 역시 그렇다
앞에 나온 동사가 과거형 be동사(was)이고 주어(Jason)가 3인칭 단수이므로 was가 적절하다.

10 **neither did her friend** | 그녀는 잘못한 것이 없었고 그녀의 친구도 그렇지 않다(잘못한 것이 없었다).

해설 〈neither[nor]+V+S〉: S도 역시 그렇지 않다
앞에 나온 동사가 과거형 동사(didn't do)이고 주어(her friend)가 3인칭 단수이므로 did가 적절하다.

11 **so do the teachers** | 학생들은 새로운 점심 메뉴를 좋아하고 선생님들도 그렇다(좋아하신다).

해설 앞에 나온 동사가 현재형 일반동사(like)이고 주어(the teachers)가 복수명사이므로 동사는 do를 쓰는 것이 적절하다.

12 **neither can I** | 내 남동생은 부모님의 결혼기념일이 언제인지 기억할 수 없고 나도 그렇지 않다(기억할 수 없다).

해설 앞에 나온 동사가 조동사구(can't remember)이므로 조동사 can을 쓰는 것이 적절하다.

배점	채점 기준
3	어순은 올바르나 동사의 어형 변형이 틀린 경우

13 Under the sofa lies my favorite novel., 소파 밑에 내가 가장 좋아하는 소설책이 놓여 있다.

14 Behind the curtain are the musical performers., 커튼 뒤에 뮤지컬 공연자들이 있다.

15 Never could he experience such an interesting festival., 그는 이렇게 재미있는 축제를 결코 경험할 수 없었다.

16 Seldom did she express how important her family was to her., 그녀는 가족이 자신에게 얼마나 중요한지를 좀처럼 표현하지 않았다.

17 Not until tomorrow morning will our project be ready., 내일 아침이 되어야 비로소 우리의 프로젝트는 준비될 것이다.

배점	채점 기준
4	도치구문으로 바르게 바꿔 쓴 경우
3	해석을 바르게 한 경우

UNIT 55 생략/공통구문

01 Minju likes to eat out and ∨ have food delivered., she[Minju] likes to | 민주는 외식하는 것과 음식을 배달시키는 것을 좋아한다.

해설 앞에 나온 어구(Minju likes to)의 반복을 피하고자 생략

02 Turn up the volume of the radio if you want to ∨., turn up the volume of the radio | 네가 원한다면 라디오의 볼륨을 높여라.

해설 반복되는 to-v에서 to를 남기고 turn up ~ the radio를 생략

03 When ∨ blamed, most people will feel hurt., they[most people] are | 비난받을 때, 대부분의 사람들은 상처받을 것이다.

해설 부사절의 주어(S′)와 주절의 주어(S)가 같고 be동사가 사용된 경우 부사절의 〈주어(S′)+be동사〉를 생략할 수 있다.

04 During summer vacation, I went to Germany and Brian ∨ to Spain., went | 여름 방학 동안, 나는 독일에 다녀왔고 브라이언은 스페인에 다녀왔다.

해설 앞에 나온 어구(went)의 반복을 피하고자 생략

05 These macarons will last longer if ∨ kept in the refrigerator., they[these macarons] are | 이 마카롱들은 냉장고에 보관되면 더 오래갈 것이다.

해설 부사절의 〈주어(S′)+be동사〉를 생략

06 My friend thought I was angry at him, but I wasn't ∨., angry at him | 내 친구는 내가 그에게 화가 났다고 생각했지만, 나는 아니었다(그에게 화가 나지 않았다).

해설 앞에 나온 어구(angry at him)의 반복을 피하고자 생략

07 I wanted to participate in the research project, but I failed to ∨., participate in the research project | 나는 그 연구 프로젝트에 참여하고 싶었지만, 나는 (그 연구 프로젝트에 참여하는 데) 실패했다.

해설 반복되는 to-v에서 to를 남기고 participate ~ project를 생략

08 My mother gave a jacket to me and ∨ a pair of sneakers to my brother., she[my mother] gave | 우리 엄마는 내게 재킷을 주셨고 내 남동생에게는 운동화 한 켤레를 주셨다.

해설 앞에 나온 어구(My mother gave)의 반복을 피하고자 생략

09 I was supposed to finish the essay, but I haven't ∨., finished the essay | 나는 에세이를 끝내야 했는데, 그러지 못했다(끝내지 못했다).

해설 앞에 나온 어구(finish the essay)의 반복을 피하고자 생략했다. 현재완료로 쓰였으므로 생략된 어구를 형태에 맞게 바꿔 쓴다.

10 Ella grew up to be a teacher and her sister ∨ a children's book author., grew up to be | 엘라는 커서 선생님이 되었고 그녀의 언니는 (커서) 동화 작가가 되었다.

해설 앞에 나온 어구(grew up to be)의 반복을 피하고자 생략되었으며, 여기서 to-v구는 '결과'를 나타내는 부사적 용법으로 사용되었다.

11 Please switch off all electronic devices while ∨ taking the exam., you are | 시험을 치는 동안 모든 전자기기를 꺼주세요.

해설 생략된 명령문의 주어 you와 be동사 are가 접속사 while과 taking 사이에 생략되어 있다.

12 The costs of traveling abroad are getting lower and travel places ∨ more various., are getting | 해외로 여행하는 비용은 더 낮아지고 여행 장소는 더 다양해지고 있다.

해설 앞에 나온 어구(are getting)의 반복을 피하고자 생략

배점	채점 기준
2	∨를 바르게 표시한 경우
3	생략된 내용을 바르게 쓴 경우

[13~17] 〈보기〉 그녀는 늦는 것과 서두르는 것을 싫어한다.

13 She has a degree in education but little experience in teaching. | 그녀는 교육학에 학위를 가지고 있지만 가르치는 것에는 경험이 거의 없다.

해설 공통어구 she has 생략 → X(A+B)

14 Some people support but others oppose the death penalty. | 몇몇 사람들은 (사형제도를) 지지하지만 다른 사람들은 사형제도를 반대한다.

해설 공통어구 the death penalty 생략 → (A+B)X

15 The tired girl put on her sleepwear and went to bed early. | 그 지친 소녀는 잠옷을 입고 일찍 잠자리에 들었다.

해설 공통어구 she 생략(The tired girl = she) → X(A+B)

16 He wanted and tried to overcome his obstacles. | 그는 자신의 장애물을 극복하기를 원했고 (극복하려고) 노력했다.

해설 공통어구 he, to overcome his obstacles 생략
→ $X^1(A+B)X^2$

17 It is important to admit and not to deny your fault. | 너의 잘못을 인정하고 부인하지 않는 것이 중요하다. → $X^1(A+B)X^2$

해설 공통어구 it is important, your faults 생략

18 몇몇 학생들은 열심히 공부했지만 시험에 떨어졌다.

19 우리는 가난한 사람들을 도울 수 있고 도와야 한다.

20 그녀가 어제 어디를 방문했고 무엇을 했는지 알려져 있지 않다.

21 생각하는 것은 행동하고 변화하고 나아가는 것이다.

22 예술은 많은 나라에서 일상생활의 한 부분이었고 일상생활의 한 부분이다.

01 (it seems to me), 그가 말한 것은 거짓이었다. | 그가 말한 것은, 내가 보기에는, 거짓이었다.

02 (as a well-known poet said), 개들은 진정한 친구이다. | 개들은, 유명한 시인이 말한 대로, 진정한 친구이다.

03 (— rescued from the river —), 그녀의 고양이는 며칠 동안 아프고 난 후 회복했다. | 그녀의 고양이는, 강에서 구조된, 며칠 동안 아프고 난 후 회복했다.

04 (who is a brilliant violinist), 그 남자는 그 관현악단의 단원이 되었다. | 그 남자는, 훌륭한 바이올린 연주자인데, 그 관현악단의 단원이 되었다.

05 (— though not famous —), 다이애나는 정말로 놀라운 그림 솜씨를 가지고 있다. | 다이애나는, 유명하지는 않지만, 정말로 놀라운 그림 솜씨를 가지고 있다.

06 (which is the worst I have ever experienced), 그 통증은 일주일보다 더 오래 지속된다. | 그 통증은, 내가 여태껏 경험해 본 중에 최악인데, 일주일보다 더 오래 지속된다.

07 (I believe), 그는 자신의 음악으로 듣는 사람들의 마음을 치유할 수 있는 음악가이다. | 그는, 내가 생각하기에, 자신의 음악으로 듣는 사람들의 마음을 치유할 수 있는 음악가이다.

08 (up 10% from last month), 오르는 휘발유 가격은 사람들이 대중교통을 이용하도록 한다. | 오르는 휘발유 가격은, 지난달보다 10% 오른, 사람들이 대중교통을 이용하도록 한다.

배점	채점 기준
2	( )를 바르게 표시한 경우
2	해석을 바르게 한 경우

09 산에서 캠핑한다는 생각은 | 산에서 캠핑한다는 생각은 내게 완벽하게 들린다.

10 WHO, 즉 세계보건기구는 | WHO, 즉 세계보건기구는, 세계 건강 문제를 개선하려고 노력한다.

11 서울은 대한민국의 수도인데[수도로서] | 서울은, 대한민국의 수도인데[수도로서], 천만 명 정도 되는 인구를 가지고 있다.

12 그들이 사회에 공헌해야 한다는 신념 | 그 자선단체는 그들이 사회에 공헌해야 한다는 신념을 가지고 있다.

13 an ideal society, 이 책은 유토피아, 즉 이상적인 사회에 관한 것이다.

14 my cousin, 켈리는 내 사촌인데, 이번 주말에 우리 가족을 방문할 것이다.

15 that there will be heavy rain tonight, 너는 오늘 밤에 비가 많이 올 거라는 소식을 들었니?

16 biting his nails, 앤드루는 손톱을 물어뜯는 강박적인 버릇을 고쳐야 한다.

17 gross domestic product, GDP, 즉 국내 총생산은 한 나라의 경제 성장을 평가하는 데 사용된다.

배점	채점 기준
3	밑줄을 바르게 그은 경우
2	해석을 바르게 한 경우

18 The chance of winning the lottery

19 Shanghai, a very big city in China

20 the idea that recycling helps the ecosystem

21 all thought of changing his job

22 The fact that many nations are still at war

MEMO

500 SENTENCES **INTRO**

✳ ○ ◻

천일문 입문 문제집

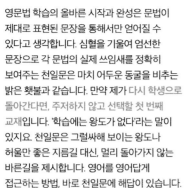

영문법 학습의 올바른 시작과 완성은 문법이 제대로 표현된 문장을 통해서만 얻어질 수 있다고 생각합니다. 심혈을 기울여 엄선한 문장으로 각 문법의 실제 쓰임새를 정확히 보여주는 천일문은 마치 어두운 동굴을 비추는 밝은 횃불과 같습니다. 만약 제가 다시 학생으로 돌아간다면, 주저하지 않고 선택할 첫 번째 교재입니다. '학습에는 왕도가 없다'라는 말이 있지요. 천일문은 그럴싸해 보이는 왕도나 허울만 좋은 지름길 대신, 멀리 돌아가지 않는 바른길을 제시합니다. 영어를 영어답게 접근하는 방법, 바로 천일문에 해답이 있습니다.

황성현 | 서문여자고등학교

변화하는 시대의 학습 트렌드에 맞춘 고급 문장들과 정성스러운 해설서 천일비급, 빵빵한 부가 학습자료들로 더욱 업그레이드되어 돌아온, 천일문 개정판의 출시를 진심으로 축하드립니다. 전체 구성뿐만 아니라 구문별로 꼼꼼하게 선별된 문장 하나하나에서 최고의 교재를 만들기 위한 연구진들의 고민 흔적이 보입니다. 내신과 수능, 공시 등 어떤 시험을 준비하더라도 흔들리지 않을 탄탄한 구문 실력을 갖추길 원하는 학습자들에게 이 교재를 강력히 추천합니다.

김지연 | 송도탑영어학원

그동안 천일문과 함께 한지도 어느새 10년이 훌쩍 넘었습니다. 천일문은 학생들의 영어교육 커리큘럼에 필수 교재로 자리매김하였고, 항상 1,000문장이 끝나면 학생들과 함께 자축 파티를 하던 때가 생각납니다. 그리고 특히 이번 천일문은 개정 작업에 참여하게 되어 개인적으로 더욱 의미가 있습니다. 교육 현장의 의견을 적극적으로 반영하고 참신한 구성과 문장으로 새롭게 변신한 천일문은 대한민국 영어교육의 한 획을 그을 교재가 될 것이라 확신합니다.

황승휘 | 에버스쿨 영어학원

문법을 자신의 것으로 만드는 방법은 어렵지 않습니다. 좋은 교재로 반복하고 연습하면 어제와 내일의 영어성적은 달라져 있을 겁니다. 저에게 진짜 좋은 책 한 권, 100권의 문법책보다 더 강력한 천일문 완성과 함께 서술형에도 강한 영어 실력자가 되길 바랍니다.

민승규 | 민승규영어학원

저는 본래 모험을 두려워하는 성향입니다. 하지만 제가 전공인 해운업계를 떠나서 영어교육에 뛰어드는 결정을 내릴 수 있었던 것은 바로 이 문장 덕분입니다.

"Life is a journey, not a guided tour." 인생은 여정이다, 안내를 받는 관광이 아니라.
- 천일문 기본편 461번 문장

이제 전 확실히 알고 있습니다. 천일문은 영어 실력만 올려주는 책이 아니라, 영어라는 도구를 넘어 수많은 지혜와 통찰을 안겨주는 책이라는 것을요. 10대 시절 영어를 싫어하던 제가 내신과 수능 영어를 모두 1등급 받을 수 있었던 것, 20대 중반 유학 경험이 없는 제가 항해사로서 오대양을 누비며 외국 해운회사를 상대로 온갖 의사전달을 할 수 있었던 것, 20대 후반 인생에 고난이 찾아온 시기 깊은 절망감을 딛고 재기할 수 있었던 것, 30대 초반 온갖 도전을 헤치며 힘차게 학원을 운영해 나가고 있는 것 모두 천일문에서 배운 것들 덕분입니다. 이 책을 학습하시는 모든 분들이, 저처럼 천일문의 막강한 위력을 경험하시면 좋겠습니다.

한재혁 | 현수학영어학원

최고의 문장과 완벽한 구성의 "본 교재"와 학생들의 자기주도 학습을 돕는 "천일비급"은 기본! 학습한 것을 꼼꼼히 점검할 수 있게 구성된 여러 단계(해석, 영작, 어법 수정, 문장구조 파악 등)의 연습문제까지! 대한민국 최고의 구문교재가 또 한 번 업그레이드를 했네요! "모든 영어 구문 학습은 천일문으로 통한다!" 라는 말을 다시 한번 실감하게 되네요! 메타인지를 통한 완벽한 학습! 새로운 천일문과 함께 하십시오.

이헌승 | 스탠다드학원

"천일문"은 단지 수능과 내신 영어를 위한 교재가 아니라, 언어의 기준이 되는 올바른 영어의 틀을 형성하고, 의미 단위의 구문들을 어떻게 다루면 좋을지를 스스로 배워 볼 수 있도록 해주는 교재라고 생각합니다. 단순히 독해를 위한 구문 및 어휘를 배우는 것 이상으로, (어디로나 뻗어나갈 수 있는) 탄탄한 기본기를 형성을 위한 매일 훈련용 문장으로 이보다 더 좋은 시리즈가 있을까요. 학생들이 어떤 목표를 정하고 그곳으로 가고자 할 때, 이 천일문 교재를 통해 탄탄하게 형성된 영어의 기반이 그 길을 더욱 수월하게 열어줄 것이라고 꼭 믿습니다.

박혜진 | 박혜진영어연구소

고등 내신에도, 수능에도 가장 기본은 정확하고 빠른 문장 파악! 문법 구조에 따라 달라지는 문장의 의미를 어려움 없이 이해할 수 있게 도와주는 구문 독해서! 추천합니다!

안미영 | 스카이플러스학원

최근 학습에 있어 가장 핫한 키워드는 문해력이 아닌가 싶습니다. 영어 문해력을 기르기 위한 기본은 구문 분석이라 생각합니다. 다년간 천일문의 모든 버전을 가르쳐본 결과 기초가 부족한 학생들, 구문 학습이 잘 되어 있는데 심화 학습을 원하는 학생들 모두에게 적격인 교재입니다. 천일문 교재를 통한 영어 문장 구문 학습은 문장 단위에서 시작하여 더 나아가 글을 분석적으로 읽을 수 있어 영어 문해력에 도움이 되어 자신 있게 추천합니다.

아이린 | 광주광역시 서구

쎄듀 초·중등 커리큘럼

	예비초	초1	초2	초3	초4	초5	초6
구문		천일문 365 일력 |초1-3| 교육부 지정 초등 필수 영어 문장		초등코치 천일문 SENTENCE 1001개 통문장 암기로 완성하는 초등 영어의 기초			
문법					초등코치 천일문 GRAMMAR 1001개 예문으로 배우는 초등 영문법		
			왓츠 Grammar			Start (초등 기초 영문법) / Plus (초등 영문법 마무리)	
독해				왓츠 리딩 70 / 80 / 90 / 100 A / B 쉽고 재미있게 완성되는 영어 독해력			
어휘				초등코치 천일문 VOCA&STORY 1001개의 초등 필수 어휘와 짧은 스토리			
		패턴으로 말하는 초등 필수 영단어 1 / 2		문장 패턴으로 완성하는 초등 필수 영단어			
ELT	Oh! My PHONICS 1 / 2 / 3 / 4 유·초등학생을 위한 첫 영어 파닉스						
		Oh! My SPEAKING 1 / 2 / 3 / 4 / 5 / 6 핵심 문장 패턴으로 더욱 쉬운 영어 말하기					
		Oh! My GRAMMAR 1 / 2 / 3 쓰기로 완성하는 첫 초등 영문법					

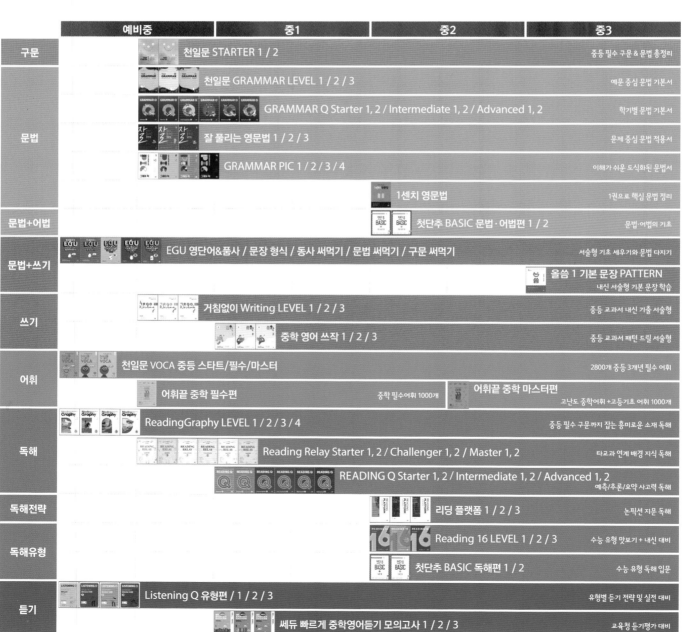

	예비중	중1	중2	중3
구문		천일문 STARTER 1 / 2		중등 필수 구문 & 문법 총정리
문법		천일문 GRAMMAR LEVEL 1 / 2 / 3		예문 중심 문법 기본서
		GRAMMAR Q Starter 1, 2 / Intermediate 1, 2 / Advanced 1, 2		학기별 문법 기본서
		잘 풀리는 영문법 1 / 2 / 3		문제 중심 문법 적용서
		GRAMMAR PIC 1 / 2 / 3 / 4		이해가 쉬운 도식화된 문법서
			1센치 영문법	1권으로 핵심 문법 정리
문법+어법		첫단추 BASIC 문법·어법편 1 / 2		문법·어법의 기초
문법+쓰기	EGU 영단어&품사 / 문장 형식 / 동사 써먹기 / 문법 써먹기 / 구문 써먹기			서술형 기초 세우기와 문법 다지기
				올씀 1 기본 문장 PATTERN 내신 서술형 기본 문장 학습
쓰기		거침없이 Writing LEVEL 1 / 2 / 3		중등 교과서 내신 기출 서술형
		중학 영어 쓰작 1 / 2 / 3		중등 교과서 패턴 드릴 서술형
어휘	천일문 VOCA 중등 스타트/필수/마스터			2800개 중등 3개년 필수 어휘
		어휘끝 중학 필수편	중학 필수어휘 1000개	어휘끝 중학 마스터편 고난도 중학어휘 +고등기초 어휘 1000개
독해	ReadingGraphy LEVEL 1 / 2 / 3 / 4			중등 필수 구문까지 잡는 흥미로운 소재 독해
		Reading Relay Starter 1, 2 / Challenger 1, 2 / Master 1, 2		타교과 연계 배경 지식 독해
		READING Q Starter 1, 2 / Intermediate 1, 2 / Advanced 1, 2		예측/추론/요약 사고력 독해
독해전략			리딩 플랫폼 1 / 2 / 3	논픽션 지문 독해
독해유형			Reading 16 LEVEL 1 / 2 / 3	수능 유형 맛보기 + 내신 대비
			첫단추 BASIC 독해편 1 / 2	수능 유형 독해 입문
듣기	Listening Q 유형편 / 1 / 2 / 3			유형별 듣기 전략 및 실전 대비
		쎄듀 빠르게 중학영어듣기 모의고사 1 / 2 / 3		교육청 듣기평가 대비